나혼자 끝내는 독학 러시아어 첫걸음

나혼자 끝내는 독학 러시아어 첫걸음

지은이 권레나
펴낸이 임상진
펴낸곳 (주)넥서스

초판 1쇄 발행 2018년 4월 5일
초판 15쇄 발행 2024년 4월 20일

2판 1쇄 인쇄 2025년 5월 20일
2판 1쇄 발행 2025년 6월 1일

출판신고 1992년 4월 3일 제311-2002-2호
주소 10880 경기도 파주시 지목로 5
전화 (02)330-5500 팩스 (02)330-5555
ISBN 979-11-94643-42-5 13790

저자와 출판사의 허락 없이 내용의 일부를
인용하거나 발췌하는 것을 금합니다.
저자와의 협의에 따라서 인지는 붙이지 않습니다.

가격은 뒤표지에 있습니다.
잘못 만들어진 책은 구입처에서 바꾸어 드립니다.

www.nexusbook.com

나혼자 끝내는 독학 러시아어 첫걸음

권레나 지음

넥서스

러시아어 공부를
처음 시작하시는 분들께

언어를 배우는 데 있어 가장 중요한 것은 그 나라의 문화를 있는 그대로를 받아들이고 이해하는 것이라고 생각합니다. 때문에 유튜브에 강의 영상을 올릴 때도 언어뿐만 아니라 문화에 대해서 다양한 이야기를 담으려고 노력해 왔습니다. 특히나 러시아는 세계에서 가장 큰 나라인 만큼 아주 다양한 문화를 가지고 있는 나라이기도 합니다. 이러한 다양성은 언어 자체에도 잘 스며 있습니다.

실제로 러시아어를 공부하다 보면 한국어와 비슷한 점이 많다는 걸 느끼실 텐데요, 이는 언어뿐만 아니라 문화에서도 흔히 느낄 수 있습니다. 예를 들어 외국인들이 한국어를 배울 때 가장 어려워하는 점이 바로 아주 다양한 표현들과 존댓말이라고 하는데요, 러시아어도 굉장히 많은 단어와 활용형을 가지고 있고 존댓말 또한 존재합니다. 그래서 러시아어는 유럽인들보다는 우리에게 더 가까운 언어라고도 볼 수 있습니다.

누군가는 여행을 떠나기 위해, 또 누구는 토르플 시험을 위해 혹은 키릴 문자의 매력에 반해 러시아어를 배웁니다. 하지만 러시아어에 관한 정보가 아직까지는 올바르고 정확하게 전달, 설명되지 않고 있는 것이 현실입니다. 상황이 이렇다 보니 한계에 부딪쳐 중간에 포기하는 경우가 많이 있습니다.

〈나혼자 끝내는 독학 러시아어 첫걸음〉은 제가 러시아에서 살면서 느꼈던 어려움, 다양한 학생들을 가르치면서 보아 온 문제점들을 바탕으로 저의 공부 노하우를 담아 러시아어를 설명한 책입니다. 또한 강의마다 문법뿐 아니라 문화와 회화에 대한 설명도 포함되어 있기 때문에 취미로 러시아어를 공부하시는 분들은 물론 토르플을 준비하시는 분들에게도 유익한 종합 선물 세트가 되지 않을까 기대해 봅니다.

저 또한 여러분이 더 재미있게 공부를 하실 수 있도록 동영상 강의를 계속해서 업로드할 예정입니다. 이제 강의의 기반이 되어 줄 교재가 나왔으니 여러분과 더욱 알차고 즐거운 수업을 만들어 갈 수 있을 거라고 생각합니다.

끝으로 책이 세상에 나오는 데 도움을 주신 모든 분들께 감사드립니다.

저자 권레나

나혼자 러시아어 공부법

1 먼저 **동영상 강의**를 들어 보세요.
본책을 공부한 다음에는 **복습용 동영상**을 보며 다시 한번 복습합니다.
» ① QR코드
　　② 유튜브

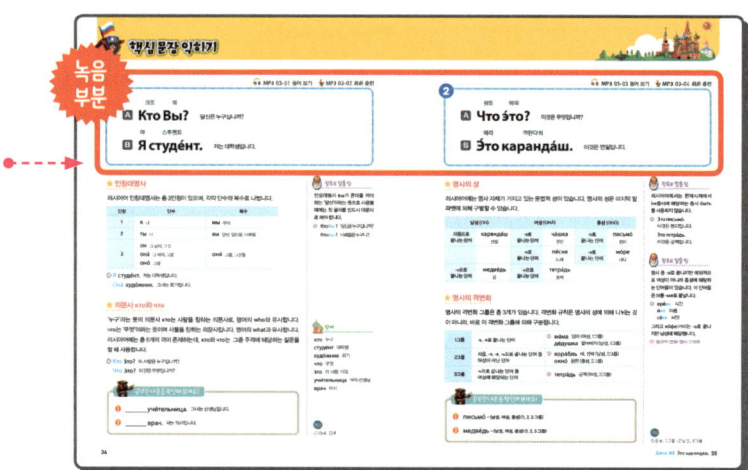

2 문장을 통해 주요 표현과 기초 문법을 공부합니다. **MP3**를 들으며 단어도 같이 외워 주세요. 공부한 내용을 바로 확인할 수 있는 간단한 연습문제가 있습니다.
» ① QR코드
　　② 넥서스 홈페이지

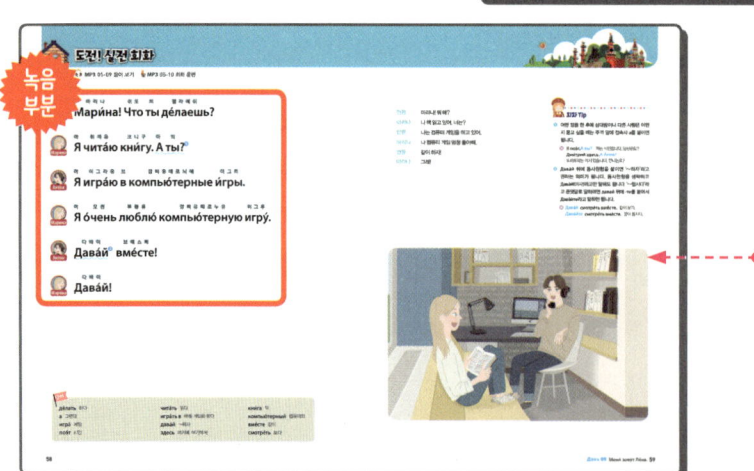

3 '핵심 문장 익히기'에서 배운 문장들로 구성되어 있습니다. 처음에는 **듣기 MP3**를, 두 번째는 **말하기 MP3**를 들으면서 따라 말하기 연습을 해 보세요.

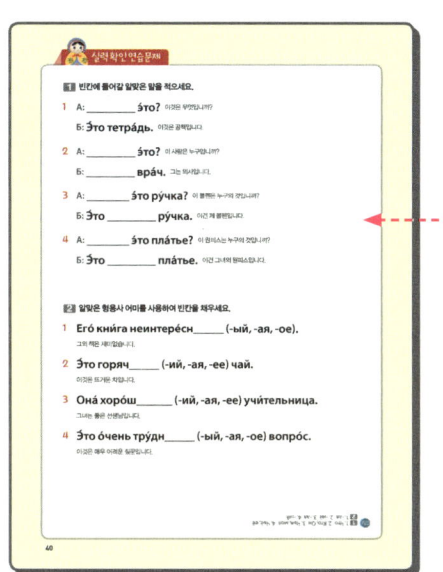

4 오늘의 공부를 마치면서 실력을 확인해 보는 시간! '핵심 문장 익히기'를 이해했다면 쉽게 풀 수 있는 문제입니다.

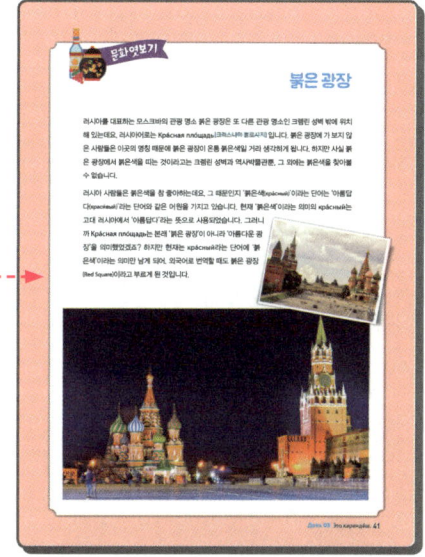

5 언어를 배울 때 문화를 함께 익히는 것은 아주 중요합니다. '문화 엿보기'에서 러시아 문화의 재미있는 모습을 함께 살펴봅시다.

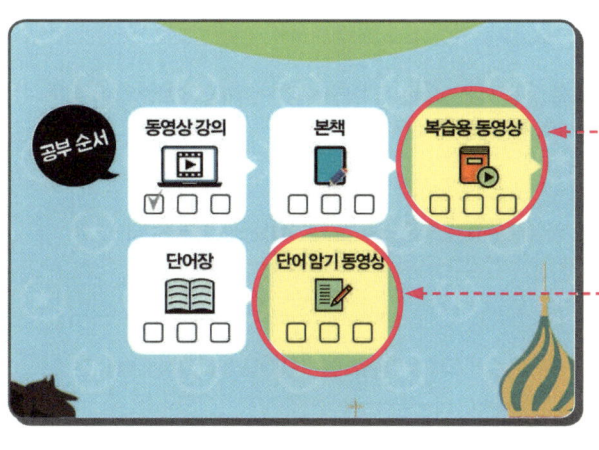

6 복습용 동영상을 보면서 '핵심 문장 익히기'의 내용을 확실하게 익힙시다.
» ① QR코드   ② 유튜브

7 단어 암기는 외국어 학습의 기본입니다. 단어 암기 동영상을 틈틈이 반복해서 보면 단어를 보다 쉽게 외울 수 있습니다.
» ① QR코드   ② 유튜브

<나혼자 끝내는 독학 러시아어 첫걸음>은?

<나혼자 끝내는 독학 러시아어 첫걸음>은 혼자서 러시아어를 공부하는 분들을 위해 개발된 독학자 맞춤형 교재입니다. 학원에 다니지 않아도, 단어장이나 다른 참고서를 사지 않아도 이 책 한 권만으로 충분히 러시아어 기초 과정을 마스터할 수 있도록 구성되어 있습니다.
<나혼자 끝내는 독학 러시아어 첫걸음>은 본책 권말에 필기체 노트를 수록하였으며, 부록으로 단어장을 제공합니다. 혼자 공부하는 학습자들을 위해 총 9가지 독학용 학습자료를 무료로 제공하고 있습니다.

온라인 무료 제공

동영상 강의
저자 선생님이 왕초보 학습자들이 헷갈려하는 러시아어의 핵심을 콕콕 집어 알려 줍니다.

발음 특훈 동영상
러시아어 독학자들이 처음부터 자신 있게 공부할 수 있도록 문자와 발음을 상세하게 설명해 드립니다.

복습용 동영상
'핵심 문장 익히기'에 나온 문장들을 복습할 수 있도록 구성된 동영상입니다. 반복해서 보면 문장들을 통암기할 수 있을 것입니다.

단어 암기 동영상
깜빡이 학습법으로 단어를 자동 암기할 수 있도록 도와줍니다.

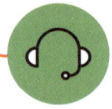
듣기 MP3
러시아어 원어민의 정확한 발음을 들어 보세요. MP3만 들어도 듣기 공부가 됩니다.

말하기 MP3
말하기 MP3는 러시아어 음성을 듣고 따라 말하는 연습을 할 수 있도록 구성되어 있습니다.

도우미 단어장
각 День의 주요 단어들을 정리해 놓았습니다. 단어 암기는 외국어 학습의 기본입니다. 들고 다니면서 틈틈이 단어를 암기합시다.

왕초보 그림 단어장
책에 나온 단어 외에 일상생활에서 자주 쓰이는 단어들을 정리했습니다. 그림과 함께 제시하여 쉽게 외울 수 있습니다.

필기체 노트
러시아어에서 빼놓을 수 없는 필기체를 연습해 볼 수 있습니다. 알파벳부터 단어, 문장까지 필기체로 써 봅시다.

MP3 & 무료 동영상 보는 법

방법 1
스마트폰에 QR코드 리더를 설치하여 책 속의 QR코드를 인식한다.
» 동영상&MP3

방법 2
nexusbook.com에서 도서명으로 검색한 다음 MP3/부가자료 영역에서 다운받기를 클릭한다.
» MP3

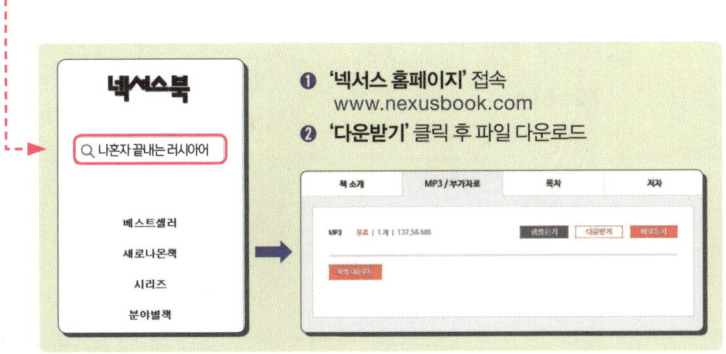

❶ '넥서스 홈페이지' 접속
www.nexusbook.com
❷ '다운받기' 클릭 후 파일 다운로드

방법 3
유튜브에서 〈나혼자 끝내는 러시아어〉를 검색한다.
» 동영상

16일 완성 학습 플래너

동영상 강의 ▶ 복습용 동영상 📖
필기체 노트 📝 단어 암기 동영상 📝 단어장 📖

	공부한 날	동영상 강의	본책 MP3와 함께 들어 보세요	복습용 동영상	도우미 단어장	단어 암기 동영상
День 01	월 일	▶ 발음 특훈	1회 2회 3회 16~25쪽	📝	필기체 노트에 쓰면서 러시아어 알파벳을 익힙니다. 저자 강의도 같이 들어 보세요.	
День 02	월 일	▶	1회 2회 3회 26~31쪽	📖		
День 03	월 일	▶	1회 2회 3회 32~41쪽	📖	📖 2쪽	📝
День 04	월 일	▶	1회 2회 3회 42~51쪽	📖	📖 3쪽	📝
День 05	월 일	▶	1회 2회 3회 52~61쪽	📖	📖 4~5쪽	📝
День 06	월 일	▶	1회 2회 3회 62~71쪽	📖	📖 6~7쪽	📝
День 07	월 일	▶	1회 2회 3회 72~81쪽	📖	📖 8~9쪽	📝
День 08	월 일	▶	1회 2회 3회 82~91쪽	📖	📖 10~11쪽	📝

공부한 날		동영상 강의	본책 MP3와 함께 들어 보세요	복습용 동영상	도우미 단어장	단어 암기 동영상
День 09	월 일	▶	1회 2회 3회 92~101쪽	📖▶	📖 12~13쪽	📝
День 10	월 일	▶	1회 2회 3회 102~111쪽	📖▶	📖 14~15쪽	📝
День 11	월 일	▶	1회 2회 3회 112~121쪽	📖▶	📖 16~17쪽	📝
День 12	월 일	▶	1회 2회 3회 122~131쪽	📖▶	📖 18~19쪽	📝
День 13	월 일	▶	1회 2회 3회 132~141쪽	📖▶	📖 20~21쪽	📝
День 14	월 일	▶	1회 2회 3회 142~151쪽	📖▶	📖 22~23쪽	📝
День 15	월 일	▶	1회 2회 3회 152~161쪽	📖▶	📖 24~25쪽	📝
День 16	월 일	▶	1회 2회 3회 162~171쪽	📖▶	📖 26~27쪽	📝

목차

- 러시아어 공부를 처음 시작하시는 분들께 _5
- 나혼자 러시아어 공부법 _6
- 〈나혼자 끝내는 독학 러시아어 첫걸음〉은? _8
- MP3 & 무료 동영상 보는 법 _9
- 16일 완성 학습 플래너 _10

День 01 — 알파벳과 발음 ... 16
- 러시아어 알파벳
- 자음
- 강세
- 모음
- 기호
- 특수한 발음

День 02 — 인사 표현 익히기 ... 26
- 만났을 때
- 잠자리에 들 때
- 헤어질 때
- 그 외 상황

День 03 — Это каранда́ш. 이것은 연필입니다. ... 32
- 인칭대명사
- 명사의 성
- 소유의문사
- 러시아어 3인칭
- 'не+형용사' 부정문
- 의문사 кто와 что
- 명사의 격변화
- 소유대명사와 소유형용사
- 형용사의 어미

День 04 — Ско́лько сейча́с вре́мени? 지금은 몇 시입니까? ... 42
- 기수
- 서수
- 명사의 복수형
- 형용사의 복수형
- 정대명사
- 숫자 읽기
- 서수의 성, 수 일치
- 명사의 복수형 예외
- 지시형용사

День 05 — Меня́ зову́т Ле́на. 제 이름은 레나입니다. 52

- ☐ 동사의 현재형
- ☐ 인칭대명사의 대격
- ☐ 형용사의 대격 어미 변화
- ☐ '동사+전치사+대격' 구문
- ☐ 대격
- ☐ 명사의 대격 어미 변화
- ☐ 타동사

День 06 — Э́то кни́га А́нны. 이것은 안나의 책입니다. 62

- ☐ 인칭대명사의 생격
- ☐ 부재의 нет
- ☐ не бу́дет
- ☐ 모음의 탈락
- ☐ 숫자의 성 일치
- ☐ 명사, 형용사의 생격 어미 변화
- ☐ не́ было
- ☐ 명사의 복수 생격 어미 변화
- ☐ 생격의 용법

День 07 — Я живу́ в Москве́. 저는 모스크바에 삽니다. 72

- ☐ 전치격
- ☐ 인칭대명사의 전치격
- ☐ в와 на의 용법
- ☐ 장소를 나타내는 부사
- ☐ учи́ть, изуча́ть, учи́ться
- ☐ 명사, 형용사의 전치격 어미 변화
- ☐ 의문사 где
- ☐ 전치격 예외
- ☐ игра́ть의 용법

День 08 — Вчера́ я смотре́л фильм. 저는 어제 영화를 봤습니다. 82

- ☐ 과거시제
- ☐ 접속사 и, но, а
- ☐ есть
- ☐ 동사 과거형+бы
- ☐ 미래시제
- ☐ 명령문 만들기

День 09 — Я люблю́ занима́ться спо́ртом. 저는 운동하는 것을 좋아합니다. 92

- ☐ 이유를 나타내는 의문사와 부사
- ☐ 명사, 형용사의 조격 어미 변화
- ☐ 러시아어의 부사
- ☐ себя́
- ☐ 조격
- ☐ 인칭대명사의 조격
- ☐ 언어와 관련된 부사
- ☐ 재귀동사

День 10

Я встречáюсь с дрýгом кáждую пя́тницу.
저는 매주 금요일에 친구를 만납니다. **102**

- ☐ 빈도 부사
- ☐ 요일
- ☐ чéрез와 назáд
- ☐ 날짜 표현하기
- ☐ 빈도를 나타내는 명사구
- ☐ 시기를 나타내는 명사구
- ☐ 시간 표현하기
- ☐ 시간의 지속을 나타내는 명사구

День 11

Мне 23 гóда.
저는 23살입니다. **112**

- ☐ 여격
- ☐ 인칭대명사의 여격
- ☐ 무인칭문 1
- ☐ 무인칭문 3
- ☐ 명사, 형용사의 여격 어미 변화
- ☐ 여격의 용법
- ☐ 무인칭문 2
- ☐ нýжно의 성, 수 일치

День 12

Зáвтра я закóнчу план.
내일 저는 계획서를 완성할 겁니다. **122**

- ☐ 불완료상과 완료상
- ☐ 불완료상과 완료상의 용법
- ☐ 과정이 아닌 반복성을 의미하는 불완료상 동사
- ☐ нельзя́와 동사의 상
- ☐ 상의 형성
- ☐ 상의 시제
- ☐ 불완료상과 완료상의 명령문

День 13

Мы лю́бим друг дрýга.
우리는 서로를 사랑합니다. **132**

- ☐ 복문 만들기
- ☐ дóлжен
- ☐ друг дрýга
- ☐ болéть
- ☐ дожнó быть

День 14

Я идý в больни́цу.
저는 병원에 갑니다. **142**

- ☐ 장소와 방향을 나타내는 의문사
- ☐ 운동동사의 상과 시제
- ☐ 장소와 관련된 부사
- ☐ 운동동사
- ☐ 접두사가 붙은 운동동사

День 15	**Я читáю кни́гу бóльше, чем Áнна.** 제가 안나보다 책을 많이 읽습니다.		152
	☐ 비교급	☐ 비교급 예외	
	☐ 비교급 어미 변화	☐ 비교 대상	
	☐ 동급 비교	☐ 최상급 만들기	
	☐ чем ~, тем …	☐ нрáвиться 용법 1	
	☐ нрáвиться 용법 2	☐ бóльше всегó+нрáвиться	

День 16	**Мне кáжется сегóдня бýдет хорóшая погóда.** 오늘 날씨가 좋을 것 같습니다.		162
	☐ казáться	☐ 의문사+-то	
	☐ 의문사+-нибýдь	☐ кóе-+의문사	
	☐ ни+의문사+не	☐ нéкогда	
	☐ не+의문사	☐ 목적을 묻는 зачéм	
	☐ 목적을 말하는 чтóбы		

★ 핵심 문법 요점 노트 _172

★ 필기체 노트 _190

День 01
알파벳과 발음

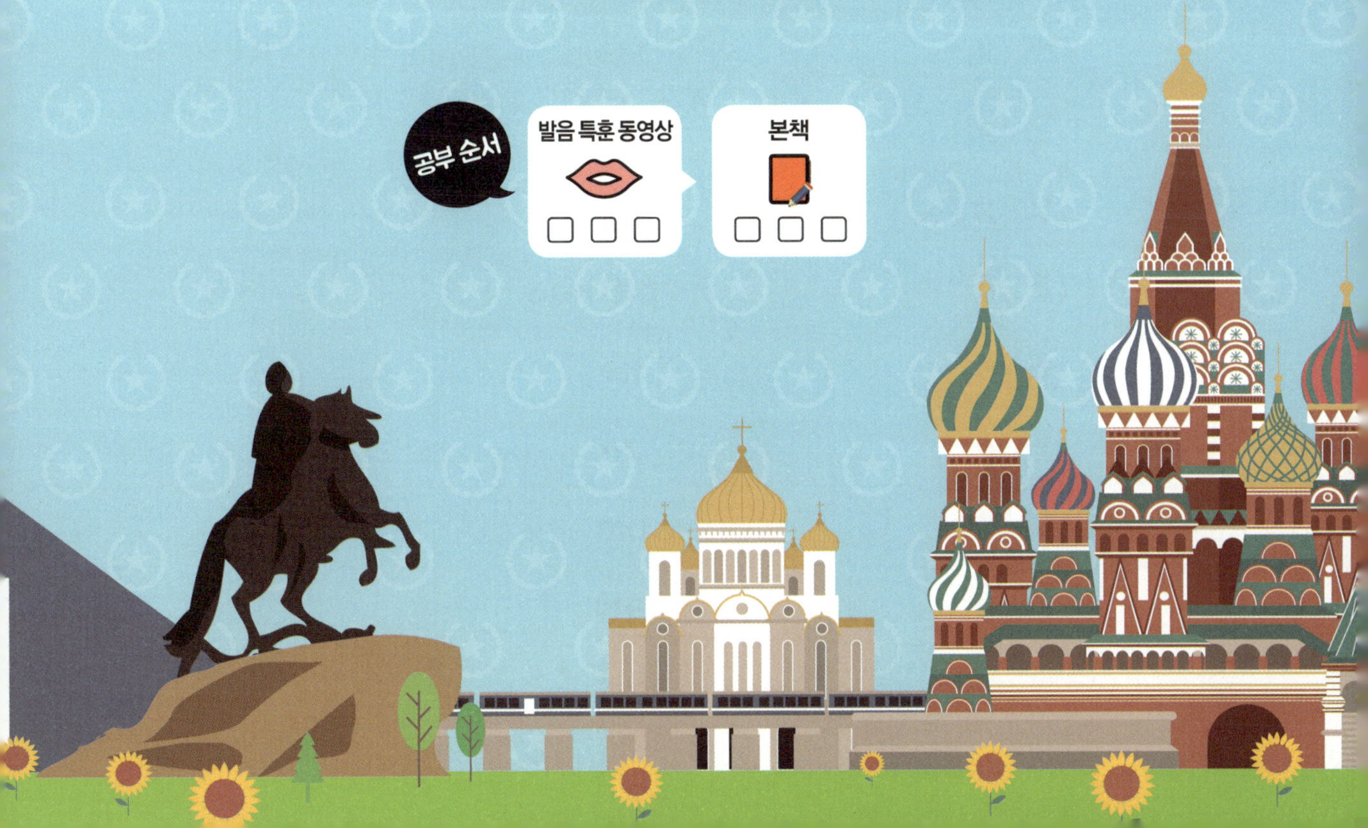

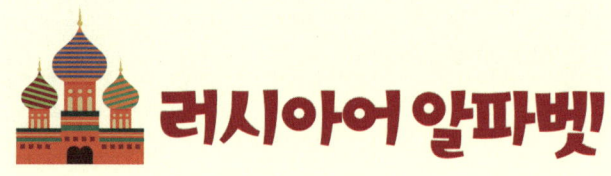 # 러시아어 알파벳

러시아어의 알파벳은 총 33개(자음21개, 모음10개, 기호2개)로 구성되어 있습니다.

 아래에 소개해 드릴 알파벳은 인쇄체로, 인쇄물이나 온라인 상에서 쓰입니다. 손으로 글씨를 쓸 때에는 보통 필기체를 씁니다. 동영상 강의를 보며 필기체 노트에 필기체를 연습해 봅시다.

🎧 MP3 01-01

문자	명칭	발음
А а	а	아
Б б	бэ	베
В в	вэ	붸
Г г	гэ	게
Д д	дэ	데
Е е	е	예
Ё ё	ё	요
Ж ж	жэ	줴
З з	зэ	제
И и	и	이
Й й	и краткое★	이 크라트꼬예
К к	ка	까
Л л	эл	엘
М м	эм	엠
Н н	эн	엔

★ и краткое는 '짧은 и'라는 뜻입니다.

문자	명칭	발음
O o	o	오
П п	пэ	뻬
Р р	эр	에르
С с	эс	에스
Т т	тэ	떼
У у	у	우
Ф ф	эф	에프
Х х	ха	하
Ц ц	цэ	쩨
Ч ч	че	췌
Ш ш	ша	슈아
Щ щ	ща	샤
ъ	твёрдый знак★	트뵤르드이 즈나크
ы	ы	의
ь	мягкий знак★	먀흐끼이 즈나크
Э э	э	에
Ю ю	ю	유
Я я	я	야

★ твёрдый знак은 '굳은 기호'라는 뜻이며, 경음 기호를 의미합니다.
★ мягкий знак은 '부드러운 기호'라는 뜻이며, 연음 기호를 의미합니다.

Tip ъ, ы, ь는 단어의 첫머리에 오지 않기 때문에 대문자가 없습니다.

 # 모음

러시아어 모음은 경모음과 연모음으로 나뉘는데, 10개의 모음 전부가 한글 발음과 매우 비슷합니다.

경모음

🎧 MP3 01-02

А а	[아]로 발음합니다. 예) банáн [바난] 바나나　　ананáс [아나나스] 파인애플　　класс [클라스] 반, 수업
О о	[오]로 발음합니다. 예) óфис [오피스] 오피스　　мóре [모례] 바다　　мóда [모다] 패션
У у	[우]로 발음합니다. 예) урóк [우로크] 공부　　ýтка [우트까] 오리　　ýлица [울리짜] 거리
Ы ы	[의]로 발음합니다. 예) прыжóк [쁘릐죠크] 점프　　шóрты [쇼르띄] 반바지　　буты́лка [부띌까] 병
Э э	[에]로 발음합니다. 예) э́ра [에라] 시대　　этикéт [에찌꼐트] 에티켓　　экзóтика [에그조찌까] 이국적

연모음

🎧 MP3 01-03

Я я	[야]로 발음합니다. 예) земля́ [지믈랴] 땅　　я́хта [야흐따] 요트　　макия́ж [마끼야쥐] 메이크업
Ё ё	[요]로 발음합니다. 예) ёжик [요쥐크] 고슴도치　　ёлка [욜까] 전나무　　актёр [아크쬬르] 배우
Ю ю	[유]로 발음합니다. 예) ию́нь [이유니] 6월　　юри́ст [유리스트] 변호사　　бюрó [뷰로] 사무국
И и	[이]로 발음합니다. 예) тигр [찌그르] 호랑이　　стиль [스찔리] 스타일　　и́мя [이먀] 이름
Е е	[예]로 발음합니다. 예) метр [몌뜨르] 미터　　вéра [베라] 믿음　　лес [례스] 숲

자음

러시아어에서 자음은 무성음과 유성음으로 나뉘는데, 그중 12개의 자음은 짝을 이루고, 나머지 9개의 자음은 짝을 이루지 않습니다.

짝을 이루는 유성음과 무성음

★ 유성음

 MP3 01-04

Б б	[ㅂ]과 유사합니다. 무성 자음 П와 짝을 이룹니다. 예) бе́лка [벨까] 다람쥐　билéт [빌례트] 티켓　банк [반크] 은행
Г г	[ㄱ]과 유사합니다. 무성 자음 К와 짝을 이룹니다. 예) гид [기트] 가이드　гита́ра [기따라] 기타　гру́ппа [그루빠] 그룹
В в	영어의 [v]와 동일합니다. 무성 자음 Ф와 짝을 이룹니다. 예) ва́за [바자] 꽃병　вино́ [비노] 와인　витами́н [비따민] 비타민
З з	영어의 [z]와 유사합니다. 무성 자음 С와 짝을 이룹니다. 예) зе́бра [졔브라] 얼룩말　звук [즈부크] 소리　по́за [보자] 포즈
Д д	뒤에 강모음이 있으면 [ㄷ]과 유사하고, 뒤에 연모음이 있으면 [ㅈ]과 유사합니다. 무성 자음 Т와 짝을 이룹니다. 예) да́та [다따] 날짜　дым [듬] 연기 　　дя́дя [쟈쟈] 아저씨, 삼촌　коме́дия [까몌지야] 희극
Ж ж	영어 단어 television을 발음할 때의 [ㅈ]과 유사합니다. жа, же, жи, жо, жу는 각각 [좌], [줴], [쥐], [조], [주]로 발음됩니다. 무성 자음 Ш와 짝을 이룹니다. 예) жира́ф [쥐라프] 기린　жара́ [좌라] 더위　жура́вль [주라블리] 학

 **무성음**

🎧 MP3 01-05

П п	뒤에 모음이 있으면 [ㅃ]과 유사하고 단어 끝에 있을때는 [ㅍ] 발음과 유사합니다. 또한 무성 자음 앞에 있으면 [ㅍ]로, 유성 자음 앞에 있으면 [ㅃ]로 발음됩니다. 유성 자음 Б와 짝을 이룹니다. 예) пингви́н [삔그빈] 펭귄　　пла́н [쁠란] 계획　　те́мп [뗌프] 템포
К к	뒤에 모음이 있으면 [ㄲ]과 유사하고, 뒤에 자음이 있거나 단어 끝에 있을 때는 [ㅋ] 발음과 유사합니다. 유성 자음 Г와 짝을 이룹니다. 예) ка́рта [까르따] 카드, 지도　　краси́вый [크라씨븨이] 아름다운　　риск [리스크] 위험 부담
Ф ф	영어의 [f]와 동일합니다. 유성 자음 В와 짝을 이룹니다. 예) фигу́ра [피구라] 형태　　фанта́зия [판따지야] 판타지　　футбо́л [푿볼] 축구
С с	뒤에 모음이 있으면 [ㅆ]과 유사하고, 뒤에 자음이 오거나 단어 맨 끝에 있을 때는 [ㅅ] 발음과 유사합니다. 유성 자음 З와 짝을 이룹니다. 예) сад [싸트] 정원　　стре́сс [스뜨레스] 스트레스　　со́к [쏘크] 주스
Т т	뒤에 강모음이 있으면 [ㄸ]과 유사하고, 뒤에 연모음이 있으면 [ㅉ]과 유사합니다. 뒤에 자음이 오거나 단어 맨 끝에 있을 때는 [ㅌ]과 유사합니다. 유성 자음 Д와 짝을 이룹니다. 예) тала́нт [딸란트] 재능　　тётя [쬬쨔] 이모, 아줌마 　　ткань [트까니] 천　　студе́нт [스뚜젠트] 학생
Ш ш	영어 [sh]와 유사하며, 유성 자음 Ж와 짝을 이룹니다. 예) шу́тка [슈트까] 농담　　шёлк [숄크] 비단　　игру́шка [이그루쉬까] 장난감

 Tip 짝을 이루는 12개의 자음은 경우에 따라 짝끼리 무성음화 또는 유성음화되기도 합니다.

무성음의 유성음화

무성음이 유성 자음 앞에 있을 때 유성음화됩니다.

예) сде́лка [즈젤까] 거래
　　вокза́л [바그잘] 기차역

유성음의 무성음화

❶ 유성음이 단어 끝에 있을 때 무성음화됩니다.

예) хлеб [흘례프] 빵
　　нож [노쉬] 칼

❷ 유성음이 무성음 앞에 있을 때 무성음화됩니다.

예) вчера́ [프췌라] 어제
　　ло́жка [로쉬까] 숟가락

짝을 이루지 않는 유성음과 무성음

위치에 따른 발음 변동 없이 늘 같은 소리가 납니다.

★ 유성음

🎧 MP3 01-06

Л л	영어의 [l]과 유사합니다. 예) ла́мпа [람빠] 램프　　лимо́н [리몬] 레몬　　роль [롤리] 역할
М м	[ㅁ]과 유사합니다. 예) ма́ска [마스까] 마스크　　му́зыка [무직까] 음악　　крем [크렘] 크림
Н н	[ㄴ]과 유사합니다. 예) но́рма [노르마] 표준　　мандари́н [만다린] 귤　　нос [노스] 코
Р р	우리말에서 초성으로 올 때의 [ㄹ]과 유사하며 혀를 약간 진동하면서 발음합니다. 예) ро́за [로자] 장미　　спорт [스뽀르트] 운동　　рабо́та [라보따] 일
Й й	[이]를 짧고 강하게 발음합니다. 뒤에 [히] 발음을 짧게 붙인다고 생각해도 됩니다. й는 항상 모음과 함께 사용하며, 뒤에 강모음이 있다면 붙여서 연모음으로 발음합니다. 예) ей [예이] 그녀에게　　музе́й [무제이] 박물관　　йо́га [요가] 요가

 ★ 무성음

🎧 MP3 01-07

X x	[ㅎ]과 [ㅋ]의 중간 발음으로, 우리말의 [ㅎ]을 목 안쪽에서 강하게 발음합니다. 예) хор [호르] 합창 хлеб [흘례프] 빵 мýха [무하] 파리
Ч ч	영어의 [ch]와 유사합니다 예) чай [촤이] 차 чýдо [추다] 기적 мяч [먀취] 공
Ц ц	우리말 [ㅉ]과 유사하며 영어 단어 its에서의 [ts]처럼 발음하면 됩니다. 예) цирк [찌르크] 서커스 цáпля [짜쁠랴] 황새 цвет [쯔볘트] 색깔
Щ щ	영어 [sh]와 비슷하게 발음하되 ш보다 강하게 발음합니다. 휘파람 불듯 발음하면 됩니다. 예) щи [쉬] 러시아 수프 щенóк [쉬노크] 강아지 щётка [쇼트까] 솔

 # 기호

🎧 MP3 01-08

ь	자음을 부드럽게 만들어 주는 기호입니다. 음가가 없고 반드시 자음 뒤에 사용되며, 단어의 첫머리에 올 수 없기 때문에 대문자를 가지고 있지 않습니다. 짧게 [이] 모음을 붙여서 발음합니다. 예) читáть [취따찌] 읽다 календáрь [깔롄다리] 달력 контрóль [깐뜨롤리] 컨트롤
ъ	자음을 강하게 만들어 주는 기호입니다. ь과 마찬가지로 음가가 없고 반드시 자음 뒤에 사용되며, 단어의 첫머리에 올 수 없기 때문에 대문자를 가지고 있지 않습니다. 앞에 있는 자음을 본 음 그대로 발음합니다. 한글의 모음 [으]와 유사합니다. 예) съезд [스예즈드] 회합 подъéзд [빠드예즈드] 입구 отъéзд [아트예즈드] 출발

강세

러시아어에서 강세는 매우 중요한 역할을 합니다. 강세에 따라 단어의 뜻이 바뀌기도 하고, 강세를 제대로 살리지 않고 발음하면 러시아 사람들이 알아듣지 못하기도 합니다. 강세가 있다는 것은 음의 높낮이를 달리해야 한다는 것이라기보다는 음의 약화 없이 정확하고 길게 발음해야 한다는 것을 의미합니다. '절대음감' 게임을 떠올리면 좀 더 이해가 쉽습니다.

강세에 따라 모음을 발음하는 몇 가지 규칙이 있습니다.

❶ 알파벳 O는 강세가 없으면 [아]로 발음합니다.

예) молоко́ [말라꼬] 우유
сoба́кa [싸바까] 개
моро́женое [마로줴나예] 아이스크림

❷ 알파벳 E와 Я는 강세가 없을 경우 [이]로 발음되기도 합니다.

예) сестра́ [씨스트라] 여자 형제
метро́ [미뜨로] 지하철
язы́к [이즤크] 언어, 혀

❸ 알파벳 Ë는 늘 강세를 가지고 있습니다.

예) ёжик [요쥐크] 고슴도치
бельё [빌리요] 시트, 속옷
чутьё [추찌요] 감각

특수한 발음

러시아어 단어 중에는 앞서 설명한 규칙과 다르게 발음되는 경우도 있습니다. 이러한 예외들은 외워 두어야 합니다.

예) сего́дня [씨본냐] 오늘
его́ [이보] 그를, 그의
со́лнце [쏜쩨] 해
что [쉬또] 무엇
коне́чно [까녜쉬나] 물론

우리에게 익숙한 단어 러시아 (Росси́я)는 [라씨야]라고 발음을 하고, 러시아의 수도 모스크바 (Москва́)는 [마스크바]라고 발음합니다.

День 02
인사 표현 익히기

MP3와 강의를 들어 보세요

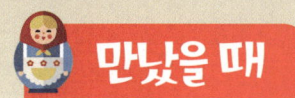

만났을 때

존댓말인사

즈드라스트부이쩨
Здрáвствуйте!
안녕하세요!

즈드라스트부이쩨
Здрáвствуйте!
안녕하세요!

Tip 하루 중 어느 때든 사용할 수 있는 인사입니다. 러시아어에도 우리말처럼 존댓말이 있다는 점에 유의하세요.

반말인사

쁘리벨
Привéт!
안녕!

쁘리벨
Привéт!
안녕!

Tip 친구들끼리 혹은 자신보다 어린 사람에게 할 수 있는 인사로, 하루 중 어느 때든 사용할 수 있습니다.

아침인사

도브라예 우뜨라
Дóброе ýтро!
좋은 아침이야!

도브라예 우뜨라
Дóброе ýтро!
좋은 아침입니다!

Tip 아침, 낮, 저녁 인사는 존댓말과 반말이 따로 구분되어 있지 않습니다.

Tip 웃어른과 손아랫사람 모두에게 사용할 수 있는 말입니다.

헤어질 때

До свидáния!
다 스비다니야
안녕히 가세요!

Всегó дóброго!
프씨보 도브라바
안녕히 계세요!

> Tip 두 표현 모두 '안녕히 가세요', '안녕히 계세요' 중 어느 상황이든 상관없이 쓸 수 있습니다.

Покá!
빠 까
잘 가!

Покá!
빠 까
잘 가!

> Tip 친구들 사이에서 쓰는 표현입니다.

잠자리에 들 때

Спокóйной нóчи!
스빠꼬이나이 노취
잘 자렴!

Спокóйной нóчи!
스빠꼬이나이 노취
안녕히 주무세요!

> Tip 윗어른과 손아랫사람 모두에게 사용할 수 있는 말입니다.

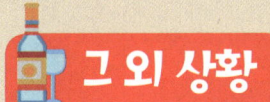 그 외 상황

감사할 때

스빠씨바
Спаси́бо!
감사합니다!

빠좔루스따
Пожа́луйста!
천만에요!

Tip пожа́луйста는 영어의 please와 유사한 용법으로 쓰이며, й가 거의 발음되지 않습니다.

사과할 때

쁘라스찌쩨   빠좔루스따
Прости́те, пожа́луйста!
죄송합니다!

니취보
Ничего́!
괜찮습니다!

Tip Прости́те 대신 Извини́те[이즈비니쩨]라고 표현할 수도 있습니다. 둘 다 맨 끝의 -те를 떼면 반말이 됩니다.

식사할 때

스빠씨바
Спаси́бо!
감사합니다!

쁘리얃나바   아뻬찌따
Прия́тного аппети́та!
맛있게 드세요!

Tip Прия́тного аппети́та는 '맛있게 드세요' 외에 '맛있게 먹겠습니다'라는 뜻으로 쓰이기도 합니다.

День 03

Э́то каранда́ш.

이것은 연필입니다.

월 일

MP3와 강의를 들어 보세요

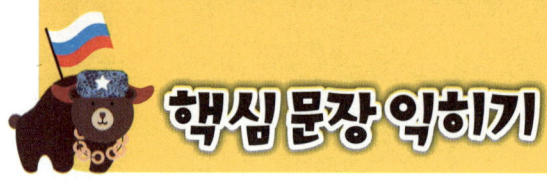

핵심 문장 익히기

🎧 MP3 03-01 들어 보기 🎤 MP3 03-02 회화 훈련

1

A **Кто вы?** 당신은 누구십니까?
크또 븨

B **Я студéнт.** 저는 대학생입니다.
야   스뚜젠트

★ 인칭대명사

러시아어 인칭대명사는 총 3인칭이 있으며, 각각 단수와 복수로 나뉩니다.

인칭	단수	복수
1	я 나	мы 우리
2	ты 너	вы 당신, 당신들, 너희들
3	он 그 남자, 그것 онá 그 여자, 그것 онó 그것	они́ 그들, 그것들

예) Я студéнт. 저는 대학생입니다.
Онá худóжник. 그녀는 화가입니다.

★ 의문사 кто와 что

'누구'라는 뜻의 의문사 кто는 사람을 칭하는 의문사로, 영어의 who와 유사합니다. что는 '무엇'이라는 뜻이며 사물을 칭하는 의문사입니다. 영어의 what과 유사합니다. 러시아어에는 총 6개의 격이 존재하는데, кто와 что는 그중 주격에 해당하는 질문을 할 때 사용합니다.

예) Кто э́то? 이 사람은 누구입니까?
Что э́то? 이것은 무엇입니까?

공부한 내용을 확인해 보세요!

❶ _____ учи́тельница. 그녀는 선생님입니다.

❷ _____ врач. 저는 의사입니다.

왕초보 탈출 팁

러시아어의 пожáлуйста는 정말 '마법의 단어'예요! 상황에 따라 뜻은 달라지지만, 언제 사용해도 정중하고 공손한 느낌을 줍니다.

부탁할 때	제발 / 부탁해요
감사 인사에 대해 대답할 때	천만에요
뭔가 건넬 때	여기요

단어

кто 누구
студéнт 대학생
худóжник 화가
что 무엇
э́то 이 사람, 이것
учи́тельница 여자 선생님
врач 의사

정답

①Онá ②Я

🎧 MP3 03-03 들어 보기   🎤 MP3 03-04 회화 훈련

2

쉬또 에따
A **Что э́то?** 이것은 무엇입니까?

에따 까란다쉬
B **Э́то каранда́ш.** 이것은 연필입니다.

★ 명사의 성

러시아어에는 명사 자체가 가지고 있는 문법적 성이 있습니다. 명사의 성은 마지막 알파벳에 의해 구별할 수 있습니다.

남성 (ОН)		여성 (ОНА́)		중성 (ОНО́)	
자음으로 끝나는 단어	каранда́ш 연필	-а로 끝나는 단어	ча́шка 찻잔	-о로 끝나는 단어	письмо́ 편지
		-я로 끝나는 단어	пе́сня 노래	-е로 끝나는 단어	мо́ре 바다
-ь로 끝나는 단어	медве́дь 곰	-ь로 끝나는 단어	тетра́дь 공책		

★ 명사의 격변화

명사의 격변화 그룹은 총 3개가 있습니다. 격변화 규칙은 명사의 성에 의해 나뉘는 것이 아니라, 바로 이 격변화 그룹에 의해 구분됩니다.

1그룹	-а, -я로 끝나는 단어	예 ма́ма 엄마 (여성, 1그룹) де́душка 할아버지 (남성, 1그룹)
2그룹	자음, -о, -е, -ь으로 끝나는 단어 중 여성이 아닌 단어	예 кора́бль 배, 선박 (남성, 2그룹) окно́ 창문 (중성, 2그룹)
3그룹	-ь으로 끝나는 단어 중 여성에 해당되는 단어	예 тетра́дь 공책 (여성, 3그룹)

 공부한 내용을 확인해 보세요!

❶ письмо́ - (남성, 여성, 중성) (1, 2, 3 그룹)

❷ медве́дь - (남성, 여성, 중성) (1, 2, 3 그룹)

 왕초보 탈출 팁

러시아어에서는 현재시제에서 be동사에 해당하는 동사 быть를 사용하지 않습니다.

예 Э́то письмо́.
이것은 편지입니다.

Э́то тетра́дь.
이것은 공책입니다.

 왕초보 탈출 팁

명사 중 -я로 끝나지만 예외적으로 여성이 아니라 중성에 해당하는 단어들이 있습니다. 이 단어들은 보통 -мя로 끝납니다.

예 вре́мя 시간
и́мя 이름
се́мя 씨앗

그리고 ко́фе (커피)는 -е로 끝나지만 남성에 해당됩니다.

➔ 불규칙 변화 명사 178쪽

 정답
① 중성, 2그룹 ② 남성, 2그룹

핵심 문장 익히기

🎧 MP3 03-05 들어 보기   🎤 MP3 03-06 회화 훈련

3

에따 마야 크니가

Это моя́ кни́га.

이것은 저의 책입니다.

★ 소유의문사

소유의문사는 '누구의'라는 뜻으로 쓰이며, 지칭하는 대상의 성과 수에 알맞은 형태로 써야 합니다. 지칭하는 대상이 남성일 경우 чей, 여성일 경우 чья, 중성일 경우 чьё를 쓰고, 복수일 경우에는 чьи를 씁니다.

예) Чей э́то компью́тер? 이것은 누구의 컴퓨터입니까?
    Чьё э́то пла́тье? 이것은 누구의 원피스입니까?

★ 소유대명사와 소유형용사

러시아어는 소유대명사(~의 것)와 소유형용사(~의)의 형태가 동일합니다. 아래 표와 같이 я, ты, мы, вы는 지칭하는 명사의 성과 수에 따라 형태가 달라지지만, он, она́, они́의 소유사는 각각 его́, её, их로 형태가 동일합니다.

	я	ты	мы	вы	он	она́	они́
남성	мой	твой	наш	ваш	его́	её	их
여성	моя́	твоя́	на́ша	ва́ша			
중성	моё	твоё	на́ше	ва́ше			
복수	мои́	твои́	на́ши	ва́ши			

예) A: Чей э́то каранда́ш? 이것은 누구의 연필입니까?
    Б: Э́то мой каранда́ш. 이것은 제 연필입니다.
    A: Чья э́то ру́чка? 이것은 누구의 볼펜입니까?
    Б: Э́то его́ ру́чка. 이것은 그의 볼펜입니다.

★ 러시아어 3인칭

러시아어 3인칭에 해당되는 он, она́, оно́, они́는 영어로 he, she, it, they로 번역되지만, 러시아어에서는 해당 단어들이 사물에도 사용됩니다.

예) A: Чья э́то ча́шка? 이것은 누구의 찻잔입니까?
    Б: Она́ моя́. 그것은 제 것입니다.

왕초보 탈출 팁

его́는 예외적으로 [иво́(이보)]라고 발음합니다.

왕초보 탈출 팁

단어 중 명사의 성과 격 그룹이 일치하지 않는 경우가 있습니다. 예를 들어 па́па(아빠)라는 단어는 -a로 끝나기 때문에 격변화는 1그룹처럼 하지만, 성은 실제 성을 따라가기 때문에 형용사나 소유사는 남성으로 씁니다.

예) A: Кто э́то?
    이 사람은 누구입니까?
    Б: Э́то мой (моя́) па́па.
    나의 아빠입니다.

단어

кни́га 책
компью́тер 컴퓨터
пла́тье 원피스
ру́чка 볼펜
ча́шка 찻잔
па́па 아빠

4

🎧 MP3 03-07 들어 보기   🎤 MP3 03-08 회화 훈련

에따   오친   크라씨바예   쁠라찌예

Э́то о́чень краси́вое пла́тье.

이것은 매우 예쁜 원피스입니다.

★ 형용사의 어미

형용사도 명사처럼 성을 가지고 있습니다. 형용사의 주격은 남성, 여성, 중성 그리고 복수로 나뉩니다.

남성 (како́й?)	여성 (кака́я?)	중성 (како́е?)	복수 (каки́е?)
большо́й 큰	больша́я	большо́е	больши́е
до́брый 친절한	до́брая	до́брое	до́брые
по́здний 늦은	по́здняя	по́зднее	по́здние
хоро́ший 좋은	хоро́шая	хоро́шее	хоро́шие

 А: Како́й э́то го́род? 이것은 어떤 도시입니까?
　 Б: Э́то большо́й го́род. 이것은 큰 도시입니다.
　 А: Како́е э́то пальто́? 이것은 어떤 코트입니까?
　 Б: Э́то краси́вое пальто́. 이것은 예쁜 코트입니다.

★ 'не+형용사' 부정문

형용사를 부정할 때에는 형용사 앞에 не를 붙이면 됩니다.

 Э́то не тру́дный вопро́с. 이것은 어렵지 않은 질문이에요.
　 Чай не горя́чий. 차는 뜨겁지 않아요.

👒 왕초보 탈출 팁

형용사 앞에 о́чень(매우), не о́чень(별로), сли́шком(지나치게, 너무) 등의 부사를 사용할 수 있습니다.

 То́рт о́чень вку́сный.
　 케이크가 매우 맛있어요.
　 То́рт не о́чень вку́сный.
　 케이크가 별로 맛이 없어요.
　 То́рт сли́шком вку́сный.
　 케이크가 너무 맛있어요.

🏛 단어

краси́вый 예쁜
како́й 어떤
го́род 도시
пальто́ 코트
тру́дный 어려운
вопро́с 질문
чай 차
горя́чий 뜨거운
торт 케이크
вку́сный 맛있는
интере́сный 재미있는

 공부한 내용을 확인해 보세요!

❶ интере́сн____ (-ый, -ая, -ое) кни́га 재미있는 책

❷ краси́в____ (-ый, -ая, -ое) мо́ре 예쁜 바다

정답
① -ая ② -ое

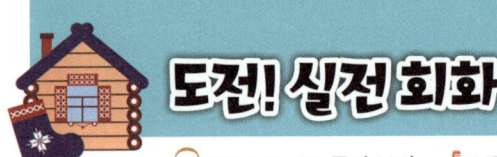

🎧 **MP3 03-09** 들어 보기   🎙 **MP3 03-10** 회화 훈련

마리나　크또　에따
Марина, кто э́то?

에따　안나
Э́то А́нна.

크또　아나
Кто она́?

아나　나샤　노바야　우취쩰니짜
Она́ на́ша но́вая учи́тельница. ❶

쁘라브다
Пра́вда? ❷

다
Да!

단어

кто 누구	э́то 이 사람, 이것	она́ 그녀
на́ша 우리의(наш의 여성형)	но́вый 새로운	учи́тельница 여자 선생님
пра́вда 진실	да 네, 응	

안톤	마리나, 저 사람은 누구야?
마리나	안나야.
안톤	그녀가 누군데?
마리나	그녀는 우리의 새로운 선생님이야.
안톤	정말?
마리나	응!

 회화 Tip

① на́ша но́вая учи́тельница 구문에서 명사 учи́тельница는 여성, 1그룹, 단수에 해당합니다. 때문에 소유형용사 '우리의'와 형용사 '새로운' 또한 명사의 성과 수에 일치시켜서 на́ша와 но́вая를 써 줍니다.

② пра́вда 는 '진실'이라는 뜻의 명사이지만, 회화에서는 '정말?', '진짜?'처럼 감탄사로 사용될 수도 있습니다.

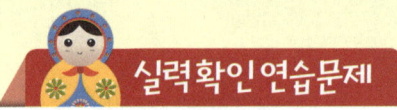

1 빈칸에 들어갈 알맞은 말을 적으세요.

1. А: _____ э́то? 이것은 무엇입니까?
   Б: Э́то тетра́дь. 이것은 공책입니다.

2. А: _____ э́то? 이 사람은 누구입니까?
   Б: _____ вра́ч. 그는 의사입니다.

3. А: _____ э́то ру́чка? 이 볼펜은 누구의 것입니까?
   Б: Э́то _____ ру́чка. 이건 제 볼펜입니다.

4. А: _____ э́то пла́тье? 이 원피스는 누구의 것입니까?
   Б: Э́то _____ пла́тье. 이건 그녀의 원피스입니다.

2 알맞은 형용사 어미를 사용하여 빈칸을 채우세요.

1. **Его́ кни́га неинтере́сн_____ (-ый, -ая, -ое).**
   그의 책은 재미없습니다.

2. **Э́то горя́ч_____ (-ий, -ая, -ее) чай.**
   이것은 뜨거운 차입니다.

3. **Она́ хоро́ш_____ (-ий, -ая, -ее) учи́тельница.**
   그녀는 좋은 선생님입니다.

4. **Э́то о́чень тру́дн_____ (-ый, -ая, -ое) вопро́с.**
   이것은 매우 어려운 질문입니다.

정답 **1** 1. Что 2. Кто 3. Чья, моя́ 4. Чьё, её **2** 1. -ая 2. -ий 3. -ая 4. -ый

문화엿보기

붉은 광장

러시아를 대표하는 모스크바의 관광 명소 붉은 광장은 또 다른 관광 명소인 크렘린 성벽 밖에 위치해 있는데요. 러시아어로는 Кра́сная пло́щадь [크라스나야 쁠로샤지] 입니다. 붉은 광장에 가 보지 않은 사람들은 이곳의 명칭 때문에 붉은 광장이 온통 붉은색일 거라 생각하게 됩니다. 하지만 사실 붉은 광장에서 붉은색을 띠는 것이라고는 크렘린 성벽과 역사박물관뿐, 그 외에는 붉은색을 찾아볼 수 없습니다.

러시아 사람들은 붉은색을 참 좋아하는데요, 그 때문인지 '붉은색(кра́сный)'이라는 단어는 '아름답다(краси́вый)'라는 단어와 같은 어원을 가지고 있습니다. 현재 '붉은색'이라는 의미의 кра́сный는 고대 러시아에서 '아름답다'라는 뜻으로 사용되었습니다. 그러니까 Кра́сная пло́щадь는 본래 '붉은 광장'이 아니라 '아름다운 광장'을 의미했었겠죠? 하지만 현재는 кра́сный라는 단어에 '붉은색'이라는 의미만 남게 되어, 외국어로 번역할 때도 붉은 광장(Red Square)이라고 부르게 된 것입니다.

День 04

Ско́лько сейча́с вре́мени?

지금은 몇 시입니까?

월   일

MP3와 강의를 들어 보세요

공부 순서

동영상 강의	본책	복습용 동영상

단어장	단어 암기 동영상

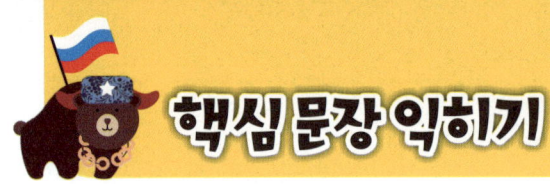

핵심 문장 익히기

🎧 MP3 04-01 들어 보기   🎤 MP3 04-02 회화 훈련

1

시챠스   제뱌찌   뜨리짜찌
Сейча́с де́вять три́дцать.
지금은 9시 30분입니다.

★ 기수

숫자	기수	숫자	기수
0	ноль(=нуль)	10	де́сять
1	оди́н	20	два́дцать
2	два	30	три́дцать
3	три	40	со́рок
4	четы́ре	50	пятьдеся́т
5	пять	60	шестьдеся́т
6	шесть	70	се́мьдесят
7	семь	80	во́семьдесят
8	во́семь	90	девяно́сто
9	де́вять	100	сто

➡ 숫자 174쪽

★ 숫자 읽기

21 이상부터는 끝자리가 0인 기수는 독립된 단어로 표현되고, 다른 숫자로 끝날 경우 그에 해당되는 합성 수사로 표현됩니다. 즉 23이라면 20과 3을 각각 말하면 됩니다.

예) 23   два́дцать три(20, 3)
　　 54   пятьдеся́т четы́ре(50, 4)

공부한 내용을 확인해 보세요!

❶ 34 _____

❷ 185 _____

 왕초보 탈출 팁

러시아어에서는 시간을 말할 때 '시'와 '분'에 해당하는 단어를 빼고 간단히 숫자만 말하기도 합니다.

예) семь со́рок
　　 7시 40분

　　 де́сять два́дцать пять
　　 10시 25분

 단어

сейча́с 지금

 정답

① три́дцать четы́ре
② сто во́семьдесят пять

2

씨볻냐 뻬르븨이 우로크
Сегодня пе́рвый уро́к.
오늘 첫 수업입니다.

🎧 MP3 04-03 들어 보기   🎤 MP3 04-04 회화 훈련

★ 서수

숫자	서수	숫자	서수
0	нулево́й	10	деся́тый
1	пе́рвый	20	двадца́тый
2	второ́й	30	тридца́тый
3	тре́тий	40	сороково́й
4	четвёртый	50	пятидеся́тый
5	пя́тый	60	шестидеся́тый
6	шесто́й	70	семидеся́тый
7	седьмо́й	80	восьмидеся́тый
8	восьмо́й	90	девяно́стый
9	девя́тый	100	со́тый

 왕초보 탈출 팁

합성 수일 경우 맨 뒤의 숫자만 서수로 바꾸면 됩니다.

예) Э́то два́дцать пя́тое письмо́. 이것은 스물다섯 번째 편지입니다.

★ 서수의 성, 수 일치

러시아어에서 서수는 형용사와 같은 용법을 가지고 있습니다. 때문에 형용사와 마찬가지로 명사의 성과 수에 맞춰 사용해야 합니다.

예) Сего́дня пе́рвый день. 오늘이 첫 번째 날입니다.
    Э́то шеста́я ле́кция. 이것이 여섯 번째 강의입니다.

 단어

сего́дня 오늘
уро́к 수업
день 날, 낮 남
ле́кция 강의
письмо́ 편지
чу́вство 감각

 공부한 내용을 확인해 보세요!

❶ шест____ (ой, ая, ое) чу́вство 여섯 번째 감각

❷ три́дцать четвёрт____ (ый, ая, ое) день 서른네 번째 날

 정답
① -ое ② -ый

핵심 문장 익히기

🎧 MP3 04-05 들어 보기   🎤 MP3 04-06 회화 훈련

3

에따 이요   우췌브니끼
Э́то её уче́бники.
이것은 그녀의 교과서들입니다.

★ 명사의 복수형

명사가 어떤 알파벳으로 끝나는지에 따라 복수 어미도 달라집니다.

자음, -а	→	-ы / -и	예 студе́н<u>т</u> – студе́нт**ы** 학생 клю<u>ч</u> – ключ**и́** 열쇠 ко́мна<u>т</u>а – ко́мнат**ы** 방 ру́<u>ч</u>ка – ру́чк**и** 펜
-ь, -й, -я	→	-и	예 слова́<u>рь</u> – словар**и́** 사전 музе́<u>й</u> – музе́**и** 박물관 пе́сн<u>я</u> – пе́сн**и** 노래
-о	→	-а	예 письм<u>о́</u> – пи́сьм**а** 편지
-е	→	-я	예 пла́ть<u>е</u> – пла́ть**я** 원피스

예 Э́то моё письмо́. 이것은 나의 편지입니다.
  → Э́то мои́ пи́сьма. 이것은 나의 편지들입니다.

★ 명사의 복수형 예외

예외 단어들은 특별한 변형 규칙이 존재하지 않습니다.

дочь 딸	до́чери	брат 남자 형제	бра́тья
мать 어머니	ма́тери	друг 친구	друзья́
и́мя 이름	имена́	ребёнок 아이	де́ти
вре́мя 시간	времена́	челове́к 사람	лю́ди

➡ 명사의 복수형 예외 176쪽

★ 형용사의 복수형

형용사의 복수형에는 성별에 상관없이 -ые, -ие 어미가 붙습니다.

예 краси́вые таре́лки 예쁜 접시들
  хоро́шие пе́сни 좋은 노래들

 왕초보 탈출 팁

молоко́(우유), вода́(물) 같은 물질명사와 оде́жда(옷), еда́(음식) 같은 집합명사 및 любо́вь(사랑), дру́жба(우정) 같은 추상명사는 항상 단수형으로만 쓰입니다. 반면 брю́ки(바지), часы́(시계), очки́(안경), де́ньги(돈) 등의 단어는 항상 복수형으로 사용됩니다.

 단어

уче́бник 교과서
таре́лка 접시

🎧 MP3 04-07 들어 보기 🎤 MP3 04-08 회화 훈련

4

즈졔시   프셰   찌뜨라지

Здесь все тетра́ди.
여기에 모든 공책들이 있습니다.

★ 지시형용사

э́тот, э́то, э́та, э́ти는 '이', '그'라는 의미의 지시형용사입니다. 일반 형용사와 마찬가지로 뒤에 있는 명사의 성, 수에 형태를 일치시켜야 합니다. 복수는 남, 여, 중성 모두 공통적으로 э́ти를 사용합니다.

남성	э́тот	예 э́тот телефо́н 이 전화기
여성	э́та	예 э́та пе́сня 이 노래
중성	э́то	예 э́то пла́тье 이 원피스
복수	э́ти	예 э́ти словари́ 이 사전들

★ 정대명사

정대명사인 весь, вся, всё, все는 '전부', '모든'이라는 의미를 가지고 있습니다. 뒤에 있는 명사의 성과 수에 형태를 일치시켜서 쓰며, 복수는 남, 여, 중성 모두 공통으로 все를 씁니다.

남성	весь	예 весь го́род 도시 전체
여성	вся	예 вся страна́ 나라 전체
중성	всё	예 всё ле́то 여름 내내
복수	все	예 все де́ти 모든 아이들

 공부한 내용을 확인해 보세요!

❶ _____ (э́тот, э́та, э́то, э́ти) страна́ 이 나라

❷ _____ (весь, вся, всё, все) ко́мнаты 모든 방들

 왕초보 탈출 팁

지시대명사 э́то와 지시형용사의 용법을 헷갈리지 않도록 주의합시다. 지시대명사 э́то는 '이 사람', '이것'이라는 뜻으로 지칭하는 대상의 성, 수에 상관없이 사용할 수 있는 대명사입니다.

예 Э́то телефо́н.
　　이것은 전화기이다.
　　 э́тот телефо́н 이 전화기

 왕초보 탈출 팁

все лю́ди가 아니라 все라고만 해도 '모든 사람들'을 뜻합니다. '모든 것'은 всё라고 말하면 됩니다.

예 Здесь все.
　　여기에 다 모였습니다.
　　 Э́то всё. 이게 전부입니다.

 단어

здесь 여기에
тетра́дь 공책 예
телефо́н 전화기
го́род 도시
страна́ 나라
ле́то 여름

 정답

① э́та ② все

도전! 실전 회화

🎧 MP3 04-09 들어 보기　🎤 MP3 04-10 회화 훈련

마리나　쉬또　에따
Марина, что́ э́то?

에따　취씨
Э́то часы́①**.**

취이　에따
Чьи э́то?②

에찌　취씨　마이
Э́ти часы́ мой.

오췬　크라씨븨예
О́чень краси́вые!

스꼴까　씨촤스　브례미니
Ско́лько сейча́с вре́мени?③

씨촤스　쏌　쏘라크
Сейча́с семь со́рок.

단어

часы́ 시계 [남] [복]　　о́чень 매우, 아주　　краси́вый 아름다운, 예쁜
ско́лько 얼마나, 몇　　сейча́с 지금　　вре́мя 시간 [중]
семь 7　　со́рок 40

안톤	마리나, 그게 뭐야?
마리나	이건 시계야.
안톤	그거 누구 거야?
마리나	이 시계는 내 거야.
안톤	정말 예쁘다! 지금 몇 시니?
마리나	지금은 7시 40분이야.

 회화 Tip

① часы́에서 알파벳 a는 [아]로 발음되지 않고 약화되어 발음됩니다. 따라서 часы́는 [취씌]라고 읽어야 합니다.

② Чьи э́то?(그거 누구 거야?)와 같은 일반적인 표현 말고도 Чьи э́ти часы́?(그 시계는 누구 거야?)라는 구체적인 대상을 명시하는 표현으로도 사용 가능합니다.

③ 현재 시간을 물어보는 표현 Ско́лько сейча́с вре́мени?(지금 몇 시예요?)는 실생활에서 자주 쓰이는 표현이므로 외워 두도록 합시다.

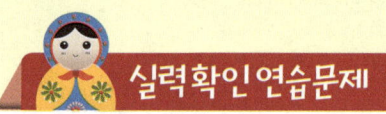

실력확인연습문제

1 빈칸에 들어갈 알맞은 말을 적으세요.

1 _____ (Этот, Эта, Это, Эти) словарь твой.
이 사전은 네 거야.

2 _____ (Этот, Эта, Это, Эти) тетрадь его.
이 공책은 그의 것입니다.

3 Он здесь _____ (весь, вся, всё, все) лето.
그는 여기에 여름 내내 있습니다.

2 다음 명사를 복수형으로 바꾸세요.

1 ручка → _____

2 ребёнок → _____

3 море → _____

3 다음 숫자를 러시아어로 쓰세요.

1 15 _____

2 79 _____

3 193 _____

정답
1 1. Этот 2. Эта 3. всё
2 1. ручки 2. дети 3. моря
3 1. пятнадцать 2. семьдесят девять 3. сто девяносто три

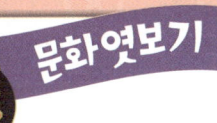 **문화엿보기**

시원한 음료

여름이 되면 흔히 아이스 아메리카노, 아이스티 등 얼음이 잔뜩 들어 있는 음료를 찾게 됩니다. 하지만 추운 겨울이 긴 러시아에서는 아주 더운 여름에도 대부분 따뜻한 차를 즐겨 마십니다. 때문에 슈퍼마켓에 가도, 길을 다니다가도 냉장고에 들어 있는 시원한 음료수를 사는 건 매우 어렵습니다.

심지어 카페에 들어가 메뉴판에 있는 아이스 아메리카노를 주문해도 얼음 하나 보이지 않는 미지근한 커피가 나오기도 합니다. 러시아에서 우리에게 익숙한 얼음이 가득 들어 있는 아이스 아메리카노를 마실 수 있는 곳은 외국 카페 체인점들뿐입니다.

그런데 차가운 걸 아주 싫어하는 러시아에도 시원한 음식이 하나 있습니다. окро́шка [아크로쉬께]라는 러시아 전통 수프의 한 종류인데요, 호밀 음료 또는 발효 유제품이 주가 되는 음식입니다. 하지만 이 음식은 시원하게 식혀서 주는 것일 뿐 얼음이 들어간 것은 아닙니다. 심지어 식당에서도 여름 한정으로만 만나 볼 수 있는 메뉴입니다.

День 05

Меня́ зову́т Ле́на.

제 이름은 레나입니다.

_____월 _____일

MP3와 강의를 들어 보세요

공부 순서

 동영상 강의
 본책

 복습용 동영상

 단어장

 단어 암기 동영상

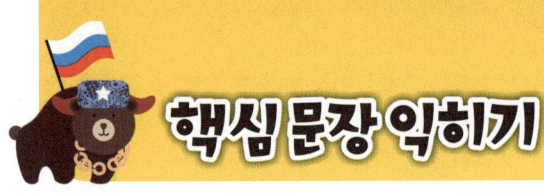

핵심 문장 익히기

🎧 MP3 05-01 들어 보기   🎤 MP3 05-02 회화 훈련

1

아나   두마예트
Она́ ду́мает.
그녀는 생각하고 있습니다.

★ 동사의 현재형

대부분의 동사원형은 -ть 어미를 가지고 있고, 동사의 현재형은 인칭과 수에 따라 변화합니다. 동사는 1식 변화, 2식 변화 두 가지 그룹으로 나뉘는데, 이 두 그룹은 서로 다른 인칭 어미를 가지고 있습니다. 러시아어의 현재형은 영어의 단순현재시제와 현재진행시제와 유사합니다.

인칭	1식 변화(-ать, -ять)		2식 변화(-ить, -еть)	
	де́ла**ть** 하다	인칭 어미	говори́**ть** 말하다	인칭 어미
я	де́ла**ю**	-ю	говор**ю́**	-ю
ты	де́ла**ешь**	-ешь	говор**и́шь**	-ишь
он/она́	де́ла**ет**	-ет	говор**и́т**	-ит
мы	де́ла**ем**	-ем	говор**и́м**	-им
вы	де́ла**ете**	-ете	говор**и́те**	-ите
они́	де́ла**ют**	-ют	говор**я́т**	-ят

예 Я слу́ша**ю**. (상대방이 말할 때) 듣고 있어요.
   Он по́мн**ит**. 그는 기억합니다.

➔ 동사 그룹 구분법 181쪽

 -ать 예외 동사

아래의 동사 4개는 -ать로 끝나지만 2식 변화 그룹에 속하는 예외 동사입니다.

дыша́ть	숨쉬다
слы́шать	들리다
гна́ть	쫓아내다
держа́ть	잡고 있다

예 Они́ ды́шат.
   그들은 숨쉬고 있다.

 단어

ду́мать 생각하다
де́лать 하다
говори́ть 말하다
слу́шать 듣다
по́мнить 기억하다

 공부한 내용을 확인해 보세요!

❶ Она́ говор____ (-им, -ите, -ит). 그녀가 말을 합니다.

❷ Они́ слу́ша____ (-ют, -ю, -ешь). 그들이 듣고 있습니다.

 정답
①-ит ②-ют

2

🎧 MP3 05-03 들어 보기　🎤 MP3 05-04 회화 훈련

　　야　　슬루샤유　　　무직꾸
Я слу́шаю му́зыку.
저는 음악을 듣습니다.

★ 대격

러시아어에는 총 6개의 격이 있습니다. 그중 대격은 네 번째에 해당되며 кого?/что? 라는 물음에 대답할 때 사용됩니다. '~을/를'에 해당하는 직접목적어로 주로 쓰이고, 러시아어에서 가장 자주 사용되는 격이기도 합니다.

★ 인칭대명사의 대격

인칭대명사는 대격과 생격의 형태가 같습니다.

주격	я	ты	он	она́	мы	вы	они́
대격	меня́	тебя́	его́	её	нас	вас	их

예 Мы зна́ем её. 우리는 그녀를 알고 있습니다.
　 Он зна́ет их. 그는 그들을 알고 있습니다.

★ 명사의 대격 어미 변화

주격의 어미에 따라 연모음 또는 강모음으로 변화합니다. 명사 2그룹의 경우 사물과 사람에 따라 변화형이 다릅니다. 사물은 주격과 동일하며 사람이나 동물의 경우 생격 어미 변화와 같습니다.

	단수			복수
	1그룹	2그룹	3그룹	
кого́? что?	-у/-ю	사물: 주격 사람, 동물: 생격*	-ь	사물: 주격 사람, 동물: 생격*
대격 (주격)	кни́гу (кни́га)	торт (торт)	ночь (ночь)	пла́тья (пла́тья)

➡ 여기서는 2그룹, 단수 사물의 주격 변화만 살펴보겠습니다. 사람, 동물(생격) 어미 변화 64쪽

 자기소개 하기

동사 звать(부르다)와 인칭대명사 대격을 활용하여 자기소개를 할 수 있습니다. 'Меня́ зову́т+이름'을 직역하면 '(사람들은) 저를 ~라고 부릅니다'라는 뜻으로, 의역하면 '제 이름은 ~입니다'라는 표현이 됩니다.

예 Меня́ зову́т Алёна.
　 제 이름은 알료나입니다.

➡ 무인칭문 116쪽

 단어

му́зыка 음악
знать 알다
кни́га 책
торт 케이크
ночь 밤 여
пла́тье 원피스

핵심 문장 익히기

🎧 MP3 05-05 들어 보기   🎤 MP3 05-06 회화 훈련

3

아나　　취따예트　　　인쩨례스누유　　　스까스꾸

Она́ чита́ет интере́сную ска́зку.

그녀는 재미있는 동화를 읽습니다.

★ 형용사의 대격 어미 변화

	단수		복수
	여성	남성, 중성	
кого́? что? 대격 (주격)	-ую/-юю	사물: 주격 사람, 동물: 생격*	사물: 주격 사람, 동물: 생격*
	я́сную (я́сная)	я́сный (я́сный/ое)	я́сные (я́сные)

➔ 여기서는 남성, 중성 단수 및 복수 사물의 주격 변화만 살펴보겠습니다. 사람, 동물(생격) 어미 변화 64쪽

★ 타동사

러시아어에도 영어와 마찬가지로 타동사가 있습니다. 타동사란 동사 뒤에 전치사 구문 없이 바로 명사 대격을 쓰는 동사를 의미합니다.

де́лать 하다	учи́ть 배우다	писа́ть 글을 쓰다*
чита́ть 읽다	расска́зывать 이야기하다	иска́ть 찾다*
знать 알다	понима́ть 이해하다	люби́ть 좋아하다, 사랑하다*
смотре́ть 보다	приглаша́ть 초대하다	гото́вить 요리하다, 준비하다*
слу́шать 듣다	ждать 기다리다*	есть 먹다, 가지고 있다*
изуча́ть (학문을) 익히다	ви́деть 보다*	хоте́ть 원하다*

예 Я приглаша́ю тебя́. 나는 너를 초대한다.
　 Мы изуча́ем ру́сский язы́к. 우리는 러시아어를 공부합니다.

공부한 내용을 확인해 보세요!

❶ Я ＿＿＿＿＿＿＿ (изуча́ть) хи́мию. 저는 화학을 공부합니다.

❷ Мы понима́ем ＿＿＿＿＿＿ (сло́жный) тео́рию.
우리는 어려운 이론을 이해합니다.

왕초보 탈출 팁

ждать, ви́деть, писа́ть, иска́ть, люби́ть, гото́вить, есть, хоте́ть는 불규칙 변화를 하는 동사입니다.

예 Жена́ гото́вит па́сту.
　 부인이 파스타를 요리합니다.

　 Я ищу́ ча́шку.
　 저는 찻잔을 찾고 있습니다.

➔ 불규칙 동사 변화 185쪽

 단어

чита́ть 읽다
интере́сный 재미있는
ска́зка 동화, 옛날이야기
я́сный 밝은, 분명한
ру́сский язы́к 러시아어
па́ста 파스타
ча́шка 찻잔
хи́мия 화학
сло́жный 어려운
тео́рия 이론

 정답
① изуча́ю　② сло́жную

🎧 MP3 05-07 들어 보기   🎤 MP3 05-08 회화 훈련

4

온 이그라예트 브 푿볼
Он игрáет в футбóл.
그는 축구를 합니다.

★ '동사+전치사+대격' 구문

대격 지배 전치사와 함께 사용되는 동사가 있습니다. 이때 활용되는 전치사는 в, на, за 등이 있습니다.

смотрéть на + 대격 ~을 쳐다보다	예) Он смóтрит на дéрево. 그는 나무를 쳐다보고 있습니다.
отвечáть на + 대격 ~에 대답하다	예) Мы отвечáем на вопрóс. 우리가 질문에 대답을 합니다.
отвечáть за + 대격 ~에 책임을 지다	예) Мы отвечáем за проéкт. 우리는 프로젝트에 책임을 집니다.
игрáть в + 대격 (운동, 게임을) 하다	예) Они́ игрáют в тéннис. 그들은 테니스를 칩니다.

 왕초보 탈출 팁

смотрéть 뒤에 바로 대격이 오면 그냥 본다는 의미이고, 'на+대격'이 오면 주의 깊게 쳐다본다는 의미입니다.

예) Он смóтрит фильм.
그는 영화를 봅니다.

Он смóтрит на кóшку.
그는 고양이를 쳐다봅니다.

 단어

игрáть 놀다
футбóл 축구
смотрéть 보다
дéрево 나무
отвечáть 대답하다
вопрóс 질문
проéкт 프로젝트
тéннис 테니스
часы́ 시계 복
мáма 엄마

 공부한 내용을 확인해 보세요!

❶ Áнна смóтрит ___ (в, на, за) мáму. 안나가 엄마를 쳐다봅니다.

❷ Вы игрáете ___ (в, на, за) футбóл. 당신은 축구를 합니다.

정답
①на ②в

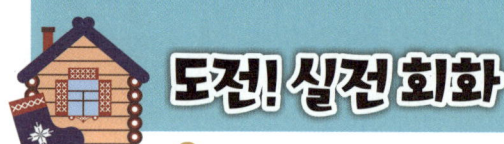

도전! 실전 회화

MP3 05-09 들어 보기 MP3 05-10 회화 훈련

Антон 마리나 쉬또 띄 젤라예쉬
Мари́на! Что ты де́лаешь?

Марина 야 취따유 크니구 아 띄
Я чита́ю кни́гу. А ты?[1]

Антон 야 이그라유 브 깜삐유떼르늬예 이그릐
Я игра́ю в компью́терные и́гры.

Марина 야 오친 류블류 깜삐유떼르누유 이그루
Я о́чень люблю́ компью́терную игру́.

Антон 다바이 브메스쩨
Дава́й[2] **вме́сте!**

Марина 다바이
Дава́й!

단어

де́лать	하다
а	그런데
игра́	게임
поэ́т	시인
чита́ть	읽다
игра́ть в	(운동, 게임을) 하다
дава́й	~하자
здесь	여기에, 여기에서
кни́га	책
компью́терный	컴퓨터의
вме́сте	같이
смотре́ть	보다

안톤	마리나! 뭐 해?
마리나	나 책 읽고 있어. 너는?
안톤	나는 컴퓨터 게임을 하고 있어.
마리나	나 컴퓨터 게임 엄청 좋아해.
안톤	같이 하자!
마리나	그래!

회화 Tip

❶ 어떤 말을 한 후에 상대방이나 다른 사람은 어떤지 묻고 싶을 때는 주격 앞에 접속사 a를 붙이면 됩니다.

예) Я поэ́т. A вы? 저는 시인입니다. 당신은요?
Дми́трий здесь. A А́нна?
드미트리는 여기 있습니다. 안나는요?

❷ Дава́й 뒤에 동사원형을 붙이면 '~하자'라고 권하는 의미가 됩니다. 동사원형을 생략하고 Дава́й!(하재)라고만 말해도 됩니다. '~합시다'라고 존댓말로 말하려면 дава́й 뒤에 -те를 붙여서 Дава́йте라고 말하면 됩니다.

예) Дава́й смотре́ть вме́сте. 같이 보자.
Дава́йте смотре́ть вме́сте. 같이 봅시다.

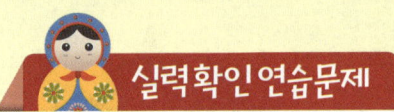

실력확인연습문제

1 알맞은 어미를 사용하여 빈칸을 채우세요.

1 Он _____ (по́мнить). 그는 기억합니다.

2 Мы _____ (слу́шать). 우리는 듣고 있습니다.

3 Они́ _____ (ду́мать). 그들은 생각합니다.

2 알맞은 대격 어미를 사용하여 빈칸을 채우세요.

1 Я слу́шаю _____ (му́зыка).
저는 음악을 듣습니다.

2 Вы лю́бите _____ (чай)?
차를 좋아하세요?

3 Она́ пи́шет _____ (письмо́).
그녀는 편지를 씁니다.

4 Студе́нт отвеча́ет на _____ (вопро́с).
학생이 질문에 대답을 합니다.

5 Де́ти игра́ют в _____ (компью́терная игра́).
아이들이 컴퓨터 게임을 합니다.

정답 **1** 1. по́мнит 2. слу́шаем 3. ду́мают
2 1. му́зыку 2. чай 3. письмо́ 4. вопро́с 5. компью́терную игру́

마슬레니짜 - 봄맞이 축제

마슬레니짜(мáсленица)는 러시아를 대표하는 전통 축제 중 하나입니다. 이 축제는 봄이 오는 약 3월 즈음 시작되는데요, 이는 러시아 정교회 사순절이 시작되기 일주일 전부터 7일 내내 계속되는 축제이기도 합니다. 사순절은 3~4월경 있는 부활절 전 무려 40일간 지속되는데, 이 기간 동안은 고기, 생선, 심지어는 유제품도 먹어서는 안 되는 가장 어려운 단식을 지켜야 합니다. 종교적으로 가장 중요하고도 힘든 기간인 사순절 전의 7일간은 체력을 보충하고 마음을 깨끗이 씻는 날이기도 해서, 마슬레니짜 동안에는 일을 하지 않고 이웃과 함께 더불어 지내며 서로 쌓인 오해도 풀고 모든 잘못을 용서합니다. 마슬레니짜를 대표하는 음식으로는 블린(блин)이 있는데요, 둥글고 뜨거운 데다 노란색을 띠기 때문에 태양을 상징하기도 합니다. 마슬레니짜 7일째에는 짚으로 엮은 인형을 태우는 행사가 마을에서 열립니다. 이 인형은 겨우내 쌓인 안 좋은 기운을 의미하기 때문에 봄이 오기 전과 부활절이 오기 전에 이를 태우는 전통이 있습니다.

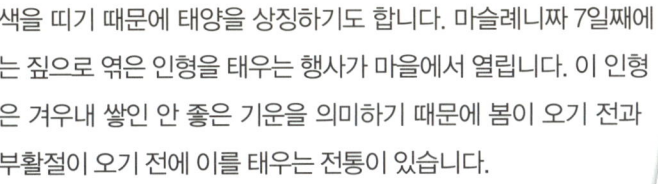

День 06

Это кни́га А́нны.

이것은 안나의 책입니다.

월   일

MP3와 강의를 들어 보세요

핵심 문장 익히기

🎧 MP3 06-01 들어 보기 🎤 MP3 06-02 회화 훈련

1

A **У кого́ есть слова́рь?** 누가 사전을 가지고 있습니까?

B **У меня́ есть слова́рь.** 제가 사전을 가지고 있습니다.

★ 인칭대명사의 생격

생격은 러시아어의 6격 중 두 번째에 해당하는 격으로, 보통은 '~의'라는 뜻으로 해석하여 소유와 관련된 표현에서 쓰입니다. 인칭대명사의 생격 변화는 다음과 같습니다. 앞에 전치사 у가 있을 경우에는 발음의 편이를 위해 его́, её, их 앞에 알파벳 н이 붙는다는 점에 유의하세요.

주격	я	ты	он	она́	мы	вы	они́
생격	меня́	тебя́	его́	её	нас	вас	их
у + 생격	у меня́	у тебя́	у н его́	у н её	у нас	у вас	у н их

у + 생격
러시아어에서 '~을 가지고 있다'라는 표현을 할 때는 '전치사 у + 소유자(생격)' 구문을 씁니다.

예) **У меня́** есть маши́на.
저에게 자동차가 있습니다.
У них есть дива́н.
그들에게 소파가 있습니다.

★ 명사, 형용사의 생격 어미 변화

	명사			형용사		
	단수			단수		복수
	1그룹	2그룹	3그룹	여성	남성, 중성	
кого́? чего́?	-ы/-и	-а/-я	-и	-ой/-ей	-ого/-его	-ых/-их
생격 (주격)	кни́г и (кни́га)	то́рт а (торт)	но́ч и (ночь)	ясн ой (ясная)	ясн ого (ясный/ое)	ясн ых (ясные)

예) У учи́тельницы есть уче́бник. 선생님에게 교과서가 있습니다.
У врача́ есть лека́рство. 의사에게 약이 있습니다.

단어
слова́рь 사전
учи́тельница 여자 선생님
уче́бник 교과서
врач 의사
лека́рство 약
маши́на 자동차
дива́н 소파
па́па 아빠

 공부한 내용을 확인해 보세요!

❶ У _____ (она́, него́, неё) есть слова́рь. 그녀에게 사전이 있습니다.

❷ У _____ (па́па) есть маши́на. 아빠에게 자동차가 있습니다.

정답

① неё ② па́пы

🎧 MP3 06-03 들어 보기　🎤 MP3 06-04 회화 훈련

② У меня́ нет карандаша́.
저에게는 연필이 없습니다.

⭐ 부재의 нет

'~이 없다'라고 말하려면 'нет+생격'으로 표현하면 됩니다. 여기에 'у+생격'을 더하면 'у+생격(소유자)+нет+생격(대상)' 구문으로 '~에게 …이 없다'라는 문장을 만들 수 있습니다.

예) У води́теля нет ме́лочи.　기사에게 잔돈이 없습니다.
　　У ня́ни нет ключа́.　유모에게 열쇠가 없습니다.

⭐ не́ было

'~이 없었다'라는 과거 표현을 만들기 위해서는 нет 대신에 не́ было를 쓰면 됩니다.

예) У Макси́ма не́ было са́хара.　막심에게 설탕이 없었습니다.
　　У ко́шки не́ было ко́рма.　고양이에게 사료가 없었습니다.

⭐ не бу́дет

'~이 없을 것이다'라는 미래 표현을 만들기 위해서는 нет 대신에 не бу́дет을 쓰면 됩니다.

예) У дру́га не бу́дет о́тпуска.　친구에게 휴가가 없을 것입니다.
　　У студе́нта не бу́дет переры́ва.　학생에게 쉬는 시간이 없을 것입니다.

 왕초보 탈출 팁

нет은 동사의 형태이거나 존재하지 않음을 나타내는 표현입니다. 독립적인 단어이며, 주로 명사와 함께 쓰여요.

예) • Нет воды́.　물이 없다.
　　• А: У тебя́ есть ру́чка?
　　　　너 펜 없어?
　　　Б: Нет. 없어.

не는 부정어로 동사나 형용사를 부정할때 사용되는 부정 부사입니다. 동사, 형용사, 부사 앞에 붙어서 '~하지 않다, 아니다'라는 뜻을 만들어요.

예) Я не хочу́.　나는 원하지않아.
　　Она́ некраси́вая.
　　그녀는 예쁘지않다.

 단어

води́тель 운전기사 🟦
ме́лочь 잔돈, 작은 물건 🟠
ня́ня 유모
ключ 열쇠
са́хар 설탕
ко́шка 고양이
корм 사료
друг 친구
о́тпуск 휴가
студе́нт 학생
переры́в 쉬는 시간
понима́ть 이해하다
интере́сный 재미있는

 공부한내용을 확인해 보세요!

❶ У меня́ нет интере́сн___ (-ой, -ого) кни́г___ (-а, -и).
　저에게는 재미있는 책이 없습니다.

❷ У него́ не́ было переры́в___ (-а, -ы).
　그는 쉬는 시간이 없었습니다.

 정답
①-ой, -и　②-а

핵심 문장 익히기

🎧 MP3 06-05 들어 보기   🎤 MP3 06-06 회화 훈련

3

У друзе́й есть вку́сный торт.
친구들에게 맛있는 케이크가 있습니다.

★ 명사의 복수 생격 어미 변화

복수 명사의 경우 명사의 성이나 그룹에 따라 어미가 변화하는 것이 아니라 주격의 어미에 따라 변화합니다.

кто? что?	кого? чего?	복수 생격(단수 주격)	кто? что?	кого? чего?	복수 생격(단수 주격)
-ь, -е	-ей	ноче́й(ночь)	-о, -а/-я	어미 탈락/-ь	озёр(о́зеро) мину́т(мину́та) неде́ль(неде́ля)
자음	-ов/-ев	часо́в(час) музе́ев(музей)			
-ч, -ж, -ш, -щ	-ей	враче́й(врач)	-ия, -ие	-ий	ли́ний(ли́ния)

예 У неё нет книг. 그녀에게는 책들이 없습니다.
У учителе́й есть уче́бники. 선생님들에게는 교과서들이 있습니다.

➡ 명사의 복수 생격 예외 178쪽

★ 모음의 탈락

명사 중 격이 변화하면서 어미가 바뀔 때 발음의 편이를 위해서 어간의 마지막 모음이 탈락된 상태로 격 어미가 추가되는 경우가 있습니다.

	주격	단수 생격
-ень	день 일, 날	дня
	у́ровень 수준	у́ровня
-ец	оте́ц 아버지	отца́
	продаве́ц 판매자	продавца́
	та́нец 무용수	та́нца

 왕초보 탈출 팁

'많다'라는 뜻의 мно́го와 '적다'라는 뜻의 ма́ло 뒤에는 명사를 늘 복수 생격으로 써야 합니다.

예 У неё мно́го друзе́й.
그녀에겐 친구가 많습니다.

У них ма́ло бра́тьев.
그들에겐 형제가 많지 않습니다.

 출몰모음 -о-, -е-

자음이 연달아 두 개 나온 뒤에 어미 -а 또는 -о로 끝나는 경우, 복수 생격 변화 시 어미가 탈락되고 두 자음 사이에 알파벳 -о-가 추가됩니다. 만일 이 두 개의 자음 중 앞의 자음이 ч, ж, ш, щ일 경우 알파벳 -е-를 삽입합니다.

주격	복수 생격
су́мка 가방	су́мок
окно́ 창문	о́кон
ча́шка 찻잔	ча́шек

 단어

вку́сный 맛있는
торт 케이크
час 시간, 시
музе́й 박물관
о́зеро 호수, 연못
мину́та 분
неде́ля 주
ли́ния 선
учи́тель 선생님 [남]
брат 남자 형제

66

🎧 MP3 06-07 들어 보기   🎤 MP3 06-08 회화 훈련

4. Это докуме́нт А́нны.
이것은 안나의 서류입니다.

★ 생격의 용법

러시아어에서 생격은 영어의 '전치사 of+명사'의 사용과 유사하다고 할 수 있습니다. 단, 러시아어에서는 of에 해당하는 전치사를 쓰지 않습니다.

1. Чей? Чья? Чьё? Чьи? (소유)
- 예) Э́то о́фис О́льги. 이것은 올가의 사무실입니다.

2. Како́й? Кака́я? Како́е? Каки́е? (성질)
- 예) Э́то звук дождя́. 이것은 빗소리입니다.

3. Ско́лько? (부분)
- 예) буты́лка воды́ 물 한 병
- паке́т со́ли 소금 한 봉지

4. 개수

개수가 2, 3, 4개일 경우 숫자 뒤에 명사의 단수 생격을, 5개 이상일 경우 명사의 복수 생격을 씁니다.
- 예) У меня́ 2 арбу́за / 7 арбу́зов. 저에게 수박이 2개/7개 있습니다.

5. 생격 지배 전치사

앞서 배운 у 외에도 생격을 지배하는 전치사들이 있습니다. для(~를 위해서)가 대표적인 생격 지배 전치사입니다.
- 예) Я покупа́ю пиро́г для ма́мы. 저는 엄마를 위해 파이를 삽니다.

★ 숫자의 성 일치

숫자	남성	여성	중성
1	оди́н	одна́	одно́
2	два	две	два

- 예) оди́н день 하루
- два дня 이틀
- одна́ ночь 하룻밤
- две но́чи 이틀 밤
- одно́ окно́ 창문 한 개
- два окна́ 창문 두 개

👶 왕초보 탈출 팁

5부터 20까지는 복수 생격으로 변화하지만, 21부터는 맨 뒷자리 숫자에 따라 달라집니다. 즉 21 이상부터는 앞자리 숫자에 상관없이 맨 뒷자리 숫자가 1일 경우 명사는 주격으로, 뒷자리가 2, 3, 4일 경우 단수 생격으로, 뒷자리가 5, 6, 7, 8, 9, 0일 경우 복수 생격으로 변화합니다.
- 예) сто одна́ кни́га 책 101권
- со́рок три кни́ги 책 43권
- сто семь книг 책 107권

👶 1의 복수형

가위, 바지처럼 항상 쌍을 이루는 단어는 개수가 하나일 때도 복수형을 쓰며, 숫자는 одни́를 붙여 줍니다.
- 예) одни́ но́жницы 가위 한 개

🏛 단어

- докуме́нт 서류
- о́фис 사무실
- звук 소리
- дождь 비
- буты́лка 병
- вода́ 물
- паке́т 봉지, 꾸러미
- соль 소금
- арбу́з 수박
- покупа́ть 사다
- пиро́г 파이
- но́жницы 가위

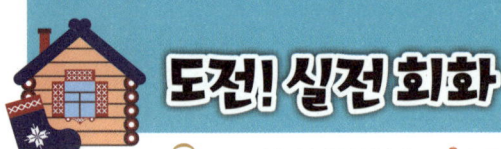

 Антон Мари́на, что́ ты покупа́ешь?

 Марина Я покупа́ю торт.

 Антон Для кого́ ты покупа́ешь торт?

 Марина Для И́ры. У неё сего́дня день рожде́ния.

 **Антон** А како́е сего́дня число́?❶

 Марина Сего́дня пя́тое ию́ля❷!

 Антон Ох! То́чно!

 Марина Ах, ты!

покупа́ть 사다	торт 케이크	для ~를 위해서
сего́дня 오늘	день рожде́ния 생일 (남)	число́ 숫자, 날짜
пя́тый 다섯 번째의	ию́ль 7월 (남)	то́чно 정확하다, 맞다
ох 아, 오(감탄사)	ах 아, 아이고(감탄사)	

안톤	마리나, 뭘 사고 있는 거야?
마리나	케이크 사고 있어.
안톤	누구를 위해서 케이크를 사는 거야?
마리나	이라를 위해서지. 오늘 그녀의 생일이야.
안톤	오늘이 며칠이지?
마리나	오늘 7월 5일이야!
안톤	아! 맞다!
마리나	아이고, 너 참!

 회화 Tip

❶ Какое сегодня число?를 직역하면 '오늘은 무슨 숫자입니까?'인데, 즉 '오늘은 며칠입니까?'라고 묻는 표현입니다.

❷ 날짜는 '일(서수 중성)+월(단수 생격)'로 표현하면 됩니다. 일을 서수 중성으로 말하는 이유는 생략된 단어 число 때문입니다. 예컨대 двадцать седьмое ноября라고 하면 '11월의 27번째 (숫자)', 즉 11월 27일을 의미합니다. 월에 해당하는 단어는 단수 생격으로 변화시켜서 사용하면 됩니다. 이 단어들은 모두 명사 2그룹에 속합니다.

январь 1월	июль 7월
февраль 2월	август 8월
март 3월	сентябрь 9월
апрель 4월	октябрь 10월
май 5월	ноябрь 11월
июнь 6월	декабрь 12월

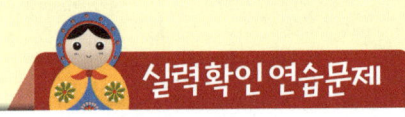

1 빈칸에 들어갈 알맞은 말을 적으세요.

1. У_____ (она́) есть каранда́ш. 그녀에게 연필이 있습니다.

2. У А́нны нет _____ (кни́га). 안나에게는 책이 없습니다.

3. Э́то слова́рь _____ (учи́тель). 이것은 선생님의 사전입니다.

2 알맞은 어미를 사용하여 빈칸을 채우세요.

1. У меня́ мно́го друз_____. 저에게는 친구가 많이 있습니다.

2. У сестр____ есть 2 кни́г____. 여동생에게 책이 두 권 있습니다.

3. Э́то пиро́г для ма́м____. 이것은 엄마를 위한 파이입니다.

4. Сего́дня девя́т____ ма́рт____. 오늘은 3월 9일입니다.

3 알맞은 어미의 숫자를 러시아어로 쓰세요.

1. _____ мину́та 1분

2. _____ дня 이틀

3. _____ я́блоко 사과 한 개

러시아인의 이름

러시아에서는 친밀도에 따라 사람을 여러 가지 방식으로 부를 수 있습니다. 우리나라에서 '~야', '~ 씨', '~ 님' 등으로 호칭을 달리 하는 것과 비슷하다고 할 수 있습니다. 이름을 여러 가지로 표현할 수 있기 때문에 이름을 물을 때에도 '이름이 무엇입니까?'가 아니라 '어떻게 부르면 됩니까?(Как вас зову́т?)'라고 묻습니다. 나이가 나보다 어리거나 친한 사이일 경우 이름을 줄여서 부르고, 공식적인 자리에서는 줄여서 부르지 않습니다. 줄여서 부르는 방식도 아주 다양한데, 어떤 방식으로 줄여 부르냐에 따라 느껴지는 뉘앙스가 달라질 뿐 아니라 그 상황에 맞는 애정도, 동정심 등을 표현할 수도 있습니다. 아래 표에서는 대표적인 애칭만 소개하겠습니다. 만약 상대가 어른이거나, 존경심을 표할 때에는 뒤에 о́тчество(부칭)를 붙여서 불러야 합니다. 부칭을 붙일 때에는 사람의 성별에 따라 부칭 뒤에 붙는 접미사와 어미가 달라집니다. 풀네임은 '이름+부칭+성' 형태입니다.

이름	줄인 이름	이름	줄인 이름
Еле́на	Ле́на	Серге́й	Серёжа
Екатери́на	Ка́тя	Алексе́й	Лёша
Мари́я	Ма́ша	Па́вел	Па́ша
О́льга	О́ля	Пётр	Пе́тя
А́нна	А́ня	Дми́трий	Ди́ма
Викто́рия	Ви́ка	Ива́н	Ва́ня

부칭 만드는 법

아버지 이름이 자음으로 끝날 때		아버지 이름이 -й로 끝날 때	
남자 이름 뒤에는 -ович	예 Алексе́й Ива́нович	남자 이름 뒤에는 -евич	예 Пётр Алексе́евич
여자 이름 뒤에는 -овна	예 Мари́я Петро́вна	여자 이름 뒤에는 -евна	예 О́льга Дми́триевна

풀네임 예시

Па́вел Ива́нович Кузнецо́в
　　이름　　부칭　　　성

Ири́на Серге́евна Ива́нова
　　이름　　부칭　　　성

День 07

Я живу́ в Москве́.

저는 모스크바에 삽니다.

___월 ___일

MP3와 강의를 들어 보세요

공부 순서: 동영상 강의 → 본책 → 복습용 동영상 → 단어장 → 단어 암기 동영상

핵심 문장 익히기

1

🎧 MP3 07-01 들어 보기 🎤 MP3 07-02 회화 훈련

Она́ ду́мает о рабо́те.
그녀는 일에 대해서 생각하고 있습니다.

★ 전치격

여섯 번째 격에 해당되는 전치격은 이름에 나타나는 것처럼 전치사 없이는 사용되지 않습니다. 대표적으로는 '~에 대해서'라는 뜻의 전치사 о/об과 함께 사용되며 이 경우 о ком?/о чём?이라는 물음에 대답할 수 있습니다. 모든 격이 그렇듯 명사, 형용사, 인칭대명사가 격에 따라 어미가 달라지며, 성과 수에 따라 형태가 달라집니다.

 왕초보 탈출 팁

전치사 о 다음에 오는 명사가 자음으로 시작할 경우 그대로 о를 쓰지만, 모음으로 시작하는 명사가 뒤따라올 경우에는 발음의 편이를 위하여 об을 사용합니다.

예) о кни́ге 책에 대해서
об уро́ке 수업에 대해서

★ 명사, 형용사의 전치격 어미 변화

	명사				형용사		
	단수			복수	단수		복수
	1그룹	2그룹	3그룹		여성	남성, 중성	
о ком? о чём?	-е	-е	-и	-ах/-ях	-ой/-ей	-ом/-ём	-ых/-их
전치격 (주격)	кни́ге (кни́га)	то́рте (торт)	но́чи (ночь)	гора́х (го́ры)	я́сной (я́сная)	я́сном (я́сный/ое)	я́сных (я́сные)

예) Я расска́зываю о фи́льме. 저는 영화에 대해서 이야기합니다.
А́нна чита́ет кни́гу об эконо́мике. 안나는 경제에 대한 책을 읽습니다.

 왕초보 탈출 팁

러시아어의 전치사는 강세를 갖지 않습니다. 따라서 전치사는 뒤에 있는 명사와 한 단어인 것처럼 발음해야 합니다.

예) о поли́тике [아빨리찌꼐]
정치에 대해서
об успе́хе [아부스뻬혜]
성공에 대해서

★ 인칭대명사의 전치격

인칭대명사의 전치격은 다음과 같습니다. мне는 발음의 편이를 위하여 전치사 о나 об이 아닌 обо를 사용한다는 점에 주의하세요.

주격	я	ты	он	она́	мы	вы	они́
전치격	обо мне́	о тебе́	о нём	о ней	о нас	о вас	о них

예) Он говори́т обо мне́. 그는 나에 대해서 이야기합니다.
Они́ по́мнят о нас. 그들은 우리에 대해서 기억합니다.

 단어

ду́мать 생각하다
рабо́та 일
гора́ 산
расска́зывать 이야기하다
фильм 영화
чита́ть 읽다
эконо́мика 경제
говори́ть 말하다
по́мнить 기억하다
уро́к 수업
поли́тика 정치
успе́х 성공

🎧 MP3 07-03 들어 보기　🎙 MP3 07-04 회화 훈련

2 Я жду дру́га в кафе́.
저는 카페에서 친구를 기다리고 있습니다.

★ 의문사 где

где는 '어디에'라는 뜻의 의문사입니다. 위치를 표현할 때에는 명사에 따라 в 또는 на를 사용하고, 명사는 전치격 어미를 갖게 됩니다.

예 **A:** Где О́льга? 올가는 어디에 있습니까?
　Б: О́льга в шко́ле. 올가는 학교에 있습니다.

★ в와 на의 용법

1. в는 '〜 안에'라는 의미로 사용됩니다.
　예 В кни́ге есть информа́ция. 책 속에 정보가 있습니다.
　　Шко́льники чита́ют кни́гу в библиоте́ке. 학생들은 도서관에서 책을 읽습니다.

2. на는 사물이 밖에 있거나, 딱히 안과 밖을 구분 지을 수 없는 경우에 사용됩니다.
　예 Мари́я отдыха́ет на о́строве. 마리아는 섬에서 쉬고 있습니다.
　　Па́па сейча́с на рабо́те. 아빠는 지금 일하고 있습니다. (=일터에 있습니다.)

3. 예외적인 경우도 있습니다.

го́ры → в гора́х 산에	ро́дина → на ро́дине 고향에
о́тпуск → в о́тпуске 휴가에	вокза́л → на вокза́ле 기차역에
ку́хня → на ку́хне 부엌에	по́чта → на по́чте 우체국에
фа́брика → на фа́брике 공장에	
командиро́вка → в командиро́вке 출장 중에, 출장 중인	

　예 Сосе́д рабо́тает на фа́брике. 이웃집 사람은 공장에서 일합니다.
　　Ма́ма гото́вит обе́д на ку́хне. 엄마가 부엌에서 점심을 만듭니다.

공부한 내용을 확인해 보세요!

❶ Мари́я рабо́тает ＿＿ (в, на) по́чте.　마리야는 우체국에서 일합니다.

❷ Де́ти игра́ют ＿＿ (в, на) ко́мнате.　아이들이 방에서 놀고 있습니다.

왕초보 탈출 팁

특정 산을 이야기할 때에는 전치격 변화 시 гора́(산)의 단수형을 사용하지만, 불특정일 경우에는 복수 형태를 사용합니다.

예 Я отдыха́ю на горе́.
　저는 산에서 쉽니다.
　Э́то растёт в гора́х.
　이것은 산에서 자랍니다.

왕초보 탈출 팁

교통수단을 타고 이동할 때에는 동사 е́хать(타고 가다)를 사용합니다. 이때 교통수단에 해당하는 명사는 전치사 на와 함께 전치격으로 쓰입니다.

예 Я е́ду на маши́не.
　저는 차를 타고 갑니다.

➔ 운동동사 145, 185쪽

단어

ждать 기다리다
кафе́ 카페
шко́льник 학생
библиоте́ка 도서관
информа́ция 정보
сосе́д 이웃
расти́ 자라다

정답

① на　② в

핵심 문장 익히기

🎧 MP3 07-05 들어 보기 🎤 MP3 07-06 회화 훈련

3

Сего́дня мы у́жинаем до́ма.
오늘 우리는 집에서 저녁을 먹습니다.

★ **전치격 예외**

1. 전치격 어미가 -e가 아니라 -y로 변화하는 명사들이 있습니다.

лес → в лесу́ 숲에서	бе́рег → на берегу́ 해변, 강변에서
сад → в саду́ 정원에서	пол → на полу́ 바닥에
аэропо́рт → в аэропорту́ 공항에서	мост → на мосту́ 다리에서
шкаф → в/на шкафу́ 옷장에	год → в ~ году́ ~년에

예) Мы гуля́ем в саду́. 우리는 정원에서 산책합니다.

2. -ия, -ие로 끝나는 단어는 전치격에서 어미 -ии로 바뀝니다.

예) Мы у́чим но́вые слова́ на ле́кции. 우리는 강의에서 새로운 단어들을 배웁니다.
Мы сейча́с в общежи́тии. 우리는 지금 기숙사에 있습니다.

★ **장소를 나타내는 부사**

где 의문문에 대답할 때 활용할 수 있는 부사들은 다음과 같습니다.

здесь 여기에	внизу́ 밑에	везде́ 모든 곳에
там 저기에	вверху́, наверху́ 위에	нигде́ 아무데도
спра́ва 오른쪽에	сза́ди 뒤에	до́ма 집에
сле́ва 왼쪽에	впереди́ 앞에	

예) Де́вушка сиди́т спра́ва. 아가씨가 오른쪽에 앉아 있습니다.
Нигде́ нет ру́чки. 볼펜이 아무데도 없습니다.

 공부한 내용을 확인해 보세요!

❶ Роди́тели сидя́т ___ (на, в) пол___ (-у, -е).
부모님이 바닥에 앉아 있습니다.

❷ Преподава́тель сейча́с ___ (на, в) ле́кц___ (-ии, -ие).
교수님이 강의에 있습니다. (=교수님은 강의 중이십니다.)

 왕초보 탈출 팁

в/на 뒤에 쓰여서 장소에 대해 말할 때 전치격 어미 -e 대신 -у를 쓰는 단어일지라도 '~에 대해서'라는 뜻의 전치사 о 뒤에서는 기본 전치격 어미 -e를 사용합니다.

예) Дере́вья расту́т в лесу́.
나무들은 숲에서 자랍니다.
Мы ду́маем о ле́се.
우리는 숲에 대해서 생각합니다.

 왕초보 탈출 팁

вверху́는 어떤 공간의 위쪽 부분을 의미하는 반면에 наверху́ (위층, 위쪽에서)는 대부분 위치를 의미한다는 차이가 있습니다.

예) Вверху́ шка́фа стоя́т коро́бки. 장(내부) 위쪽에 상자들이 있습니다.
Моя́ ко́мната наверху́.
내 방은 위층에 있습니다.

 단어

у́жинать 저녁을 먹다
сиде́ть 앉아 있다
гуля́ть 산책하다
ле́кция 강의
общежи́тие 기숙사
де́вушка 아가씨
де́рево 나무
роди́тели 부모님 복
преподава́тель 교수님 남

 정답

①на, -у ②на, -ии

🎧 MP3 07-07 들어 보기   🎤 MP3 07-08 회화 훈련

4. Он игра́ет на гита́ре.
그는 기타를 연주합니다.

★ игра́ть의 용법

игра́ть는 동사만 단독적으로 쓰일 때에는 '놀다'라는 의미로 해석되지만, 뒤에 'в+대격'이 붙으면 '(운동, 게임을) 하다'라는 의미가 됩니다. 또한 'игра́ть на+전치격' 구문으로 쓰이면 '(악기를) 연주하다'라는 뜻으로 해석됩니다. в와 на 뒤에 각각 다른 격을 사용하며 그에 따라 의미도 달라진다는 점에 유의하세요.

예) Серафи́м игра́ет в компью́терную игру́. 세라핌이 컴퓨터 게임을 합니다.
    Же́ня игра́ет на пиани́но. 제냐가 피아노를 연주합니다.

★ учи́ть, изуча́ть, учи́ться: 공부하다

세 단어 모두 같은 뜻을 가지고 있지만, 지배하는 격과 사용되는 상황에 따라 용법이 다릅니다.

учи́ть + 대격 가르치다, 외우다	예) Ма́ма у́чит дочь. 엄마가 딸을 가르칩니다. Студе́нт у́чит но́вые слова́. 대학생이 새로운 단어들을 외웁니다.
изуча́ть + 대격 학문을 익히다	예) Муж изуча́ет ру́сский язы́к. 남편이 러시아어를 배웁니다.
учи́ться в/на + 전치격 ~에서 공부하다	예) Сын у́чится в шко́ле. 아들은 학교에서 공부합니다. (=학교에 다닙니다.)
учи́ться + 동사원형 ~하는 법을 배우다	예) Де́вочка у́чится пла́вать. 소녀는 수영하는 법을 배웁니다.

공부한 내용을 확인해 보세요!

❶ Она́ _____ (у́чит, изуча́ет, у́чится) матема́тику.
그녀는 수학을 배웁니다.

❷ Мы игра́ем ___ (в, на) гита́р__ (-е, -у).
우리는 기타를 연주합니다.

왕초보 탈출 팁

пиани́но(피아노)는 외래어 명사로, 격변화를 하지 않는 불변 명사입니다.

왕초보 탈출 팁

учи́ться는 우선 учи́ть를 변화시킨 후 동사 뒤에 -ся를 붙여 줘야 합니다. 단 마지막이 모음으로 끝나는 я учу́, вы у́чите 뒤에는 -ся가 아닌 -сь를 붙여 줍니다.

예) Я учу́сь танцева́ть.
    나는 춤추는 법을 배웁니다.
    Мари́я у́чится в Коре́е.
    마리야는 한국에서 공부합니다.

단어

гита́ра 기타
компью́терный 컴퓨터의
игра́ 게임
пиани́но 피아노
муж 남편
де́вочка 소녀
пла́вать 수영하다
танцева́ть 춤추다
Коре́я 한국
матема́тика 수학

정답

① изуча́ет ② на, -е

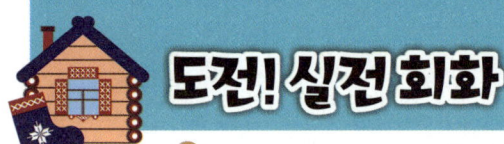

🎧 MP3 07-09 들어 보기　🎤 MP3 07-10 회화 훈련

 **Антон**　Марина, где мой учебник?

 Марина　Все книги стоят на полке.

 **Антон**　Там нет учебника.

 Марина　Учебник точно на полке!

 **Антон**　Ах, вот он. Он лежит на полу.

книга 책	где 어디에	учебник 교과서
стоять 서 있다	полка 선반	там 거기, 거기에
точно 분명히	вот 여기, 저기(손으로 가리킬 때)	лежать 누워 있다
пол 바닥		

안톤	마리나, 내 교과서 어디에 있어?
마리나	책들은 전부 선반 위에 있어.
안톤	거기에 교과서는 없어.
마리나	교과서는 분명히 선반 위에 있어!
안톤	아, 여기에 있다. 바닥에 있어.

 **회화 Tip**

책, 볼펜, 연필 등 세울 수 있는 사물은 어떻게 놓여 있는지에 따라 лежа́ть(누워 있다) 또는 стоя́ть(서 있다) 동사를 활용하여 표현할 수 있습니다.

예 Каранда́ш лежи́т на столе́.
연필이 책상에 있습니다. (가로로 놓여 있는 모습)

Каранда́ш стои́т в стака́не.
연필이 컵에 꽂혀 있습니다. (세로로 세워져 있는 모습)

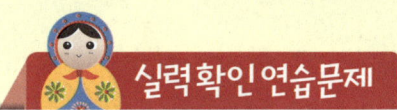

실력확인 연습문제

1 알맞은 전치사와 명사 어미를 사용하여 빈칸을 채우세요.

1. **Он сиди́т ____ (на, в) стул__ (-е, -у).**
   그는 의자에 앉아 있습니다.

2. **Моя́ семья́ отдыха́ет ____ (на, в) берег__ (-е, -у).**
   내 가족은 해변가에서 쉬고 있습니다.

3. **Мари́на пи́шет письмо́ ____ (на, в) рабо́т__ (-е, -у).**
   마리나는 회사에서 편지를 씁니다.

4. **Мы у́жинаем ____ (на, в) рестора́н__ (-е, -у).**
   우리는 레스토랑에서 저녁을 먹습니다.

2 빈칸에 들어갈 알맞은 말을 적으세요.

1. **А́нна _____ (изуча́ть, учи́ться) исто́рию.**
   안나는 역사를 공부합니다.

2. **Па́па _____ (учи́ть, учи́ться) дочь.**
   아빠가 딸을 가르칩니다.

3. **Она́ _____ (учи́ть, учи́ться) в университе́те.**
   그녀는 대학교에 다닙니다.

4. **Я _____ (учи́ть, учи́ться) но́вые слова́.**
   저는 새로운 단어를 공부합니다.

정답
1 1. на, -е 2. на, -у 3. на, -е 4. в, -е
2 1. изуча́ет 2. у́чит 3. у́читься 4. учу́

음식의 순서

한국의 반찬이라는 개념을 굳이 러시아어로 번역하자면 салáт(샐러드) 혹은 закýска(곁들이 음식, 안주) 정도가 될 겁니다. 우리는 밥과 반찬을 함께 먹지만 러시아는 음식을 섞어 먹지 않고 순서대로 먹습니다. 때문에 레스토랑에서 음식을 시키면 음식이 한꺼번에 나오지 않고 한 가지 메뉴씩 순서대로 나오며, 먼저 나온 음식을 다 먹기 전까지는 따로 부탁을 하지 않으면 다음 음식을 가져다주지 않기도 합니다. 음식을 먹는 순서는 러시아어로 пéрвое(첫 번째), вторóе(두 번째), трéтье(세 번째)라고 표현하는데, 뒤에 명사 блю́до(음식)가 생략되었기 때문에 세 형용사가 모두 중성 어미를 가지고 있습니다. (러시아어에서 명사의 생략은 아주 흔한 일입니다.) пéрвое блю́до는 따뜻한 수프류, вторóе блю́до는 메인 메뉴, трéтье блю́до는 디저트류입니다. 샐러드는 보통 수프 전에 먹는데요, 샐러드 음식은 통상 закýска(안주)라고 표현하기도 합니다.

День 08

Вчера́ я смотре́л фильм.
저는 어제 영화를 봤습니다.

월   일

MP3와 강의를 들어 보세요

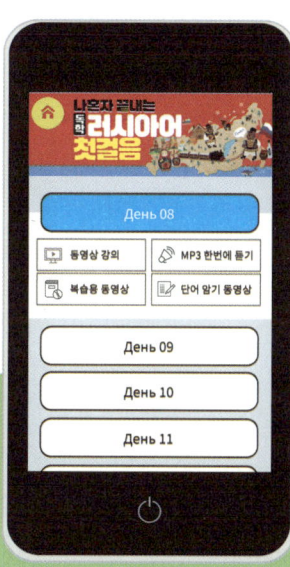

 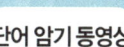

핵심 문장 익히기

🎧 MP3 08-01 들어 보기   🎤 MP3 08-02 회화 훈련

1

Вчера́ она́ молча́ла, потому́ что не зна́ла отве́т.
어제 그녀는 답을 몰랐기 때문에 아무 말도 하지 않았습니다.

★ 과거시제

동사원형의 -ть 자리에 과거형 어미를 붙이면 과거시제가 됩니다. 동사의 과거형은 인칭대명사가 아닌 주어의 성과 수에 따라 변화합니다.

де́ла	ть 하다	남성	-л	де́ла	л
	여성	-ла	де́ла	ла
	중성	-ло	де́ла	ло
	복수	-ли	де́ла	ли

📗 Позавчера́ я смотре́ла фильм в кинотеа́тре.
저(여자)는 그저께 영화관에서 영화를 봤습니다.

Мари́я ра́ньше его́ не зна́ла.
마리야는 예전에 그를 몰랐습니다.

★ 동사 과거형+бы: ~했을 것이다

동사 조건법으로 현실이 아닌 가정의 상황, 실행 가능한 일에 대해서 말할 때 사용합니다. 주로 조건, 가능성, 희망 사항, 의심을 나타냅니다.

📗 Ученики́ сиде́ли бы в кла́ссе, но на у́лице шёл пе́рвый снег.
학생들은 교실에 앉아 있었을 텐데, 밖에 첫눈이 내렸습니다.
(=밖에 첫눈이 와서 학생들이 교실에 앉아 있지 않고 나갔다는 의미)

 왕초보 탈출 팁

과거시제가 불규칙적으로 변하는 예외 동사가 있습니다.

идти́ 가다, 오다	
он	шёл
она́	шла
оно́	шло́
они́	шли

мочь 할 수 있다	
он	мог
она́	могла́
оно́	могло́
они́	могли́

 단어

молча́ть 침묵을 지키다
отве́т 대답
позавчера́ 그저께
кинотеа́тр 영화관
ра́ньше 예전에
сиде́ть 앉아 있다
класс 교실
снег 눈
уе́хать 떠나다

 공부한 내용을 확인해 보세요!

❶ Вчера́ она́ чита́____ (-ла, -л) кни́гу.   어제 그녀는 책을 읽었습니다.

❷ Он _____ (мочь) бы уе́хать.   그는 떠날 수 있었을 것이다.

 정답
① -ла ② мог

🎧 MP3 08-03 들어 보기   🎤 MP3 08-04 회화 훈련

2

Она́ не расска́зывает, а слу́шает.
그녀는 이야기를 하는 것이 아니라 듣고 있습니다.

★ 접속사 и, но, a

1. и '그리고'를 뜻하며 영어의 and와 유사합니다.
   예) Я люблю́ смотре́ть коме́дию и боеви́к.
   저는 코미디와 액션 영화를 보는 것을 좋아합니다.

2. и ~ и … '~도, …도'라는 뜻으로 여러 가지를 똑같이 강조할 때 사용합니다.
   예) Я люблю́ и рома́н, и стихи́. 저는 소설도 시도 좋아합니다.

3. но '하지만'이라는 뜻이고 영어의 but과 유사합니다.
   예) Ната́ша чита́ет, но не понима́ет. 나타샤는 읽고 있지만, 이해하지 못합니다.
   Он лю́бит коме́дию, но не лю́бит боеви́к.
   그는 코미디는 좋아하지만, 액션 영화는 좋아하지 않습니다.

4. a '그리고', '그런데', '그러나' 등으로 해석할 수 있습니다. и는 두 가지를 연결시키고 но는 두 가지가 서로 상반되는 의미를 가지고 있을 때 사용된다면, a는 두 가지가 서로 대조될 때 사용됩니다.
   예) Учи́тель спра́шивает, а учени́к отвеча́ет. 선생님은 질문하고, 학생은 답합니다.
   Исто́рия интере́сный предме́т, а матема́тика сло́жный предме́т.
   역사는 재미있는 과목인데, 수학은 어려운 과목입니다.

5. не ~, a … '~이 아니라 …이다'라는 의미입니다.
   예) Э́то не иску́сственные цветы́, а настоя́щие.
   이것은 가짜 꽃이 아니라 진짜입니다.
   Мы не гуля́ли в па́рке, а рабо́тали.
   우리는 공원에서 산책했던 것이 아니라 일을 하고 있었습니다.

왕초보 탈출 팁

цвето́к은 꽃이라는 뜻을 가지고 있습니다. 같은 어원을 가진 단어로 '색'을 뜻하는 цвет가 있는데요, 복수형 변화가 서로 헷갈릴 수 있으니 주의하세요.

단수	복수
цвето́к 꽃	цветы́
цвет 색	цвета́

단어

коме́дия 코미디
боеви́к 액션영화
рома́н 소설
стих 시
исто́рия 역사
предме́т 과목, 사물
матема́тика 수학
сло́жный 어려운
иску́сственный 인조의
настоя́щий 진짜의, 현재의
гуля́ть 산책하다
парк 공원
спать 자다

 공부한 내용을 확인해 보세요!

❶ Он не спит, ___ (а, и) гуля́ет. 그는 자는 것이 아니라 산책하고 있습니다.

❷ Я чита́ю, ___ (но, а) не понима́ю. 저는 읽고 있지만, 이해는 못합니다.

 정답

①a ②но

핵심 문장 익히기

🎧 MP3 08-05 들어 보기   🎤 MP3 08-06 회화 훈련

3

Зáвтра преподавáтель бýдет читáть лéкцию в университéте.

교수님은 내일 대학교에서 강의를 하실 겁니다.

★ 미래시제

러시아어에서 미래시제는 'быть+동사원형'으로 표현할 수 있습니다. 이때 быть는 현재시제처럼 인칭과 수에 따라 변합니다.

быть		
я	бýду	
ты	бýдешь	
он/онá	бýдет	+ 동사원형(-ть)
мы	бýдем	
вы	бýдете	
они́	бýдут	

📝 Зáвтра я бýду ждать дрýга в кафé. 나는 내일 카페에서 친구를 기다릴 겁니다.
　Актёр бýдет игрáть Ромéо. 배우는 로미오 역을 연기할 겁니다.

★ есть

есть는 '먹다', '가지고 있다' 두 가지의 뜻을 가지고 있는 동사입니다. '먹다'라는 뜻으로 쓰일 때는 과거형이 ел, éла, éло, éли로 변화합니다. 하지만 '가지고 있었다, 가지고 있을 것이다'라는 뜻으로 쓰일 때는 같은 뜻의 동사 быть를 과거형이나 미래형으로 변화시켜서 사용합니다. 이때도 역시 주어의 성, 수에 동사를 일치시켜야 합니다.

현재	есть	📝 У меня́ есть костю́м. 저에게 슈트가 있습니다.
과거	был былá бы́ло бы́ли	📝 У меня́ был костю́м. 저에게 슈트가 있었습니다.
미래	бýдет бýдут	📝 У меня́ бýдет костю́м. 저에게 슈트가 있을 겁니다.

 왕초보 탈출 팁

한글 문장과는 다르게 '~을 가지고 있다'라는 문장에서 가지고 있는 사물이 문장의 주어가 됩니다. 때문에 быть 동사는 이 주어에 따라 변화해야 합니다.

📝 У негó бы́ли боти́нки.
　그에게 구두가 있었습니다.
　У меня́ бýдут шáнсы.
　저에게 기회가 있을 것입니다.

 단어

зáвтра 내일
читáть лéкцию 강의하다
ждать 기다리다
кафé 카페
актёр 배우
игрáть 연기하다
боти́нки 구두 남복
шанс 기회
костю́м 슈트, 의상

86

🎧 MP3 08-07 들어 보기   🎙 MP3 08-08 회화 훈련

4

Говори́те, пожа́луйста, ме́дленно.
천천히 말해 주세요.

★ 명령문 만들기

러시아어에서 명령문은 부탁, 명령, 조언 등을 할 때 사용합니다. 이때 뒤에 -те를 붙이면 존댓말이 됩니다.

1. 동사를 현재형 я와 они로 변화시켰을 때 어미를 제외한 앞의 어간이 같을 때

❶ 어간이 모음으로 끝나면 뒤에 -й 혹은 -йте를 붙입니다.

я чита́|ю	+ -й/-йте	чита́й
они́ чита́|ют		чита́йте

📢 Мари́я, чита́й кни́гу. 마리야, 책을 읽어.

❷ 어간이 자음으로 끝나면 뒤에 -и 혹은 -ите를 붙입니다.

я говор|ю́	+ -и/-ите	говори́
они говор|я́т		говори́те

📢 Говори́ гро́мко. 크게 말해.

2. 동사를 현재형 я와 они로 변화시켰을 때 어미 앞 접미사가 다를 때, 접미사를 제외하고 뒤에 -ь 혹은 -ьте를 붙입니다.

я гото́вл|ю	+ -ь/-ьте	гото́вь
они гото́в|ят		гото́вьте

📢 Анто́н, гото́вь у́жин. 안톤, 저녁밥을 만들어.

3. 접미사 -ва-가 있는 동사원형이 현재형 변화에서 -ва-가 사라지는 경우, 원형의 -ть 자리에 -й 혹은 -йте를 붙입니다.

передава́|ть 건네주다, 전하다

я передаю́	+ -й/-йте	передава́й
они передаю́т		передава́йте

📢 Передава́й ему́ приве́т. 그에게 안부 전해 줘.

명령형이 없는 동사

мочь	할 수 있다
хоте́ть	원하다
ви́деть	보다
слы́шать	들리다
гнить	썩다

단어

пожа́луйста 부디, 제발
ме́дленно 천천히
гро́мко 큰 소리로
у́жин 저녁 식사
приве́т 안녕, 인사, 인사말

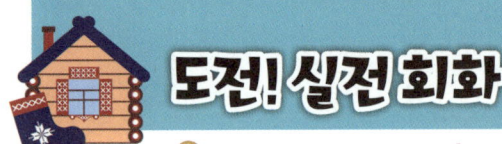

🎧 MP3 08-09 들어 보기   🎤 MP3 08-10 회화 훈련

 Антон: Алло́!

 **Мари́на**: Приве́т, Анто́н! Э́то Мари́на.

 Антон: Приве́т! Как дела́?❶

 Мари́на: Хорошо́, спаси́бо! Как у тебя́?

 Антон: То́же хорошо́!

 Мари́на: Что ты бу́дешь де́лать за́втра?

 Антон: Алло́! Мари́на! Я тебя́ не слы́шу!
Говори́, пожа́луйста❷, гро́мко!

 **Мари́на**: Анто́н, я сейча́с перезвоню́.

 Антон: Хорошо́!

단어

алло́ 여보세요	де́ло 일, 볼일	хорошо́ 좋다
то́же ~도	де́лать 하다	за́втра 내일
слы́шать 들리다	говори́ть 말하다	пожа́луйста 부디, 제발
гро́мко 큰 소리로	перезвони́ть 다시 전화하다	

안톤	여보세요!
마리나	안녕, 안톤! 마리나야.
안톤	안녕! 잘 지냈어?
마리나	잘 지냈어! 너는?
안톤	나도 잘 지냈어!
마리나	내일 뭐 할 거야?
안톤	여보세요! 마리나! 네 소리가 들리지 않아! 크게 말해 줘!
마리나	안톤, 내가 지금 다시 전화할게.
안톤	알았어!

 **회화 Tip**

① 안부인사를 의미하는 Как дела?는 영어의 How are you?와 유사합니다. 대답할 때엔 영어와 마찬가지로 Спасибо(감사합니다)를 같이 말하는 게 예의입니다.

② 단어 пожалуйста는 영어의 please와 유사합니다. 부탁할 때 같이 사용하면 공손한 의미가 되며, '감사합니다'라는 인사 뒤에 '천만에요'라는 의미로 사용되기도 합니다.

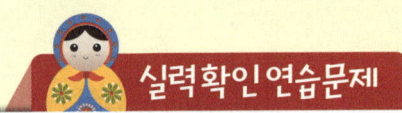

실력확인연습문제

1 빈칸에 들어갈 알맞은 말을 적으세요.

1. **Вчера́ мы смотре́___ (-л, -ла, -ли) фильм в теа́тре.**
   어제 우리는 극장에서 영화를 봤습니다.

2. **Ра́ньше у него́ бы___ (-л, -ла, -ли) скри́пка.**
   예전에 그에게 바이올린이 있었습니다.

3. **Анто́н сиде́___ (-л, -ла, -ли) бы в кафе́, но его́ ждут друзья́.**
   안톤은 카페에 앉아 있었을 텐데 친구들이 그를 기다리고 있습니다.
   (=친구들이 그를 기다리기 때문에 카페를 떠났다는 의미)

2 알맞은 어미를 사용하여 빈칸을 채우세요.

1. **За́втра они́ _____ (быть) учи́ть но́вые слова́.**
   내일 그들은 새로운 단어를 공부할 것입니다.

2. **За́втра у меня́ _____ (быть) ле́кция.**
   내일 저는 강의가 있습니다.

3. **Мари́я, не _____ (говори́ть) о рабо́те.**
   마리야, 일에 대해서 말하지 마세요.

4. **Анто́н, _____ (ждать) здесь.**
   안톤, 여기에서 기다리고 있어.

정답 **1** 1.-ли 2.-ла 3.-л
2 1.бу́дут 2.бу́дет 3.говори́те 4.жди

문화엿보기

오래된 새해 Старый Новый Год

한국에서는 1월 1일에 한 번, 음력 설에 한 번 이렇게 두 번 새해를 맞이하는데요, 러시아에서도 새해를 두 번 맞이합니다. 그중 첫 번째는 1월 1일로 일반적인 새해와 동일하고, 두 번째 새해는 1월 14일입니다. 이때를 일컬어 Старый Новый Год라고 하는데요, 직역하자면 '오래된 새해' 또는 '옛날 새해' 정도가 됩니다. 이날은 러시아 달력의 변화와 관련이 있습니다. 예전에 러시아에서는 율리우스력을 사용했는데, 1918년에 그레고리력으로 바뀌면서 예전의 1월 1일이 1월 14일로 바뀌게 된 것입니다. 1월 14일은 공식 휴일은 아니지만 새해를 맞던 풍습은 그대로 남아 있는 경우가 많습니다. 예를 들어 1월 13일 밤에 가까운 사람끼리 모여서 거울, 물, 접시 등을 사용하여 다양한 방법으로 점을 칩니다. 주로 젊은 여성들이 미래의 연인에 관련해 점을 치곤 합니다.

러시아 정교회의 크리스마스 또한 예전 율리우스력을 그대로 사용하기 때문에, 우리가 통상 알고 있는 날짜인 12월 25일이 아니라 1월 7일이 크리스마스입니다. 새해와 크리스마스가 날짜상 차이가 얼마 나지 않는 덕분에 러시아는 연말 연휴가 평균 일주일 정도입니다.

День 09

Я люблю́ занима́ться спо́ртом.

저는 운동하는 것을 좋아합니다.

월   일

MP3와 강의를 들어 보세요

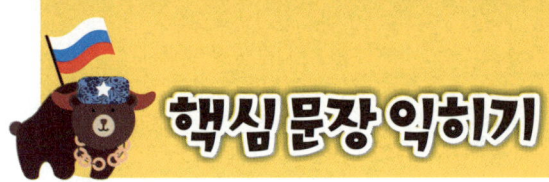

핵심 문장 익히기

🎧 MP3 09-01 들어 보기   🎤 MP3 09-02 회화 훈련

1

Так как сего́дня я не рабо́таю, я лежу́ до́ма.

오늘 저는 일을 하지 않기 때문에 집에서 누워 있습니다.

★ 이유를 나타내는 의문사와 부사

의문사/부사	뜻	문장 구성
почему́	왜	почему́ ~?
потому́ что	왜냐하면	(결과), потому́ что (이유)
так как	~ 때문에	Так как (이유), (결과) (결과), так как (이유)
поэ́тому	그러므로	(이유), поэ́тому (결과)

А: Почему́ вы не смо́трите фильм? 당신들은 왜 영화를 보지 않나요?
Б: 영화가 지루하기 때문에 보지 않습니다.
→ 이유: фильм ску́чный 영화가 지루하다
  결과: мы не смо́трим фильм 우리는 영화를 보지 않는다

1. потому́ что
  예) Мы не смо́трим фильм, потому́ что он ску́чный.
  우리는 영화를 보지 않습니다, 왜냐하면 지루하기 때문입니다.

2. так как
  예) Так как фильм ску́чный, мы не смо́трим фильм.
  영화가 지루하기 때문에 우리는 보지 않습니다.
  = Мы не смо́трим фильм, так как он ску́чный.
  우리는 영화를 보지 않습니다, 지루하기 때문입니다.

3. поэ́тому
  예) Фильм ску́чный, поэ́тому мы его́ не смо́трим.
  영화가 지루하므로 우리는 보지 않습니다.

공부한 내용을 확인해 보세요!

❶ _____ ты опозда́л? 너 왜 늦었니?

❷ Я уста́л, _____ бу́ду отдыха́ть. 저는 피곤해서 쉴 것입니다.

 왕초보 탈출 팁

так как과 потому́ что는 사실상 같은 의미를 가지고 있지만, потому́ что는 회화에서 더 자주 사용되고 так как은 공식적인 자리나 문서 등 문어체가 필요한 경우에 더 자주 사용됩니다.

 단어

сего́дня 오늘
рабо́тать 일하다
лежа́ть 누워 있다, 놓여 있다
до́ма 집에
смотре́ть 보다
фильм 영화
ску́чный 지루한, 재미없는
опозда́ть 늦다
уста́ть 피곤하다, 지치다
отдыха́ть 쉬다

 정답
① почему́ ② поэ́тому

🎧 MP3 09-03 들어 보기   🎤 MP3 09-04 회화 훈련

2. Я гуля́ю с соба́кой.
저는 강아지와 산책을 합니다.

★ 조격

러시아어의 6개의 격 중 다섯 번째 격에 해당하며 кем?/чем? 의문문에 대한 대답으로 사용됩니다. 영어로는 instrumental이라고 불리며 우리말에서도 '도구격'이라고 불리기도 하는데, 도구격이라는 용어에서 알 수 있듯 보통 어떠한 행동을 할 때 사용되는 매개체가 조격으로 쓰입니다. '~와 함께'라는 뜻의 전치사 с와 함께 사용되는 경우가 많습니다.

★ 명사, 형용사의 조격 어미 변화

	명사				형용사		
	단수			복수	단수		복수
	1그룹	2그룹	3그룹		여성	남성, 중성	
кем? чем?	-ой/-ей	-ом/ -ем/-ём	-ью	-ами/ -ями	-ой/-ей	-ым/-им	-ыми/ -ими
조격 (주격)	кни́гой (кни́га)	то́ртом (торт)	но́чью (ночь)	гора́ми (го́ры)	я́сной (я́сная)	я́сным (я́сный/ое)	я́сными (я́сные)

예) Он пи́шет перьево́й ру́чкой.   그는 깃펜으로 글을 씁니다.
Они́ рабо́тают с ме́неджером.   그들은 매니저와 함께 일합니다.

★ 인칭대명사의 조격

주격	я	ты	он	она́	мы	вы	они́
조격	мной	тобо́й	им	ей	на́ми	ва́ми	и́ми
с+조격	со мной	с тобо́й	с ним	с ней	с на́ми	с ва́ми	с ни́ми

예) Она́ обе́дает с ним.   그녀는 그와 점심을 같이 먹습니다.
Роди́тели гордя́тся мной.   부모님은 저를 자랑스러워 하십니다.

 왕초보 탈출 팁

мной의 경우 전치사 с와 사용될 때 자음 세 개가 충돌하는 것을 막고 발음을 편리하게 하기 위해서 со мной가 됩니다. 또한 러시아 노래 혹은 시에는 라임을 위해서 мной, тобо́й, ей 대신에 мно́ю, тобо́ю, е́ю를 쓰기도 합니다.

 단어

соба́ка 개
перьево́й 깃털의
ме́неджер 매니저
обе́дать 점심을 먹다
горди́ться 자랑스러워하다

핵심 문장 악히기

🎧 MP3 09-05 들어 보기   🎤 MP3 09-06 회화 훈련

3

Óльга хорошó говори́т по-ру́сски.
올가는 러시아어를 잘합니다.

★ 러시아어의 부사

부사는 행동을 꾸며 주는 역할을 하며 행동의 성질, 장소, 시간, 이유를 나타낼 때 사용됩니다. 다른 단어들과는 다르게 단어의 성이나 수, 격에 지배받지 않으며, 보통 형용사와 같은 어간에 형용사 어미 대신 -о를 붙이면 부사가 됩니다. как?(어떻게) 의문문에 대답할 수 있습니다.

интере́сно 흥미롭게	пра́вильно 알맞게
ску́чно 지루하게	краси́во 예쁘게
хорошó 잘	тóчно 정확하게
плóхо 나쁘게	дóлго 오랫동안
бы́стро 빠르게	мнóго 많게
мéдленно 느리게	мáло 적게

예 А: Вы до́лго за́втракаете? 당신은 아침을 오래 먹나요?
　Б: Нет, я за́втракаю бы́стро. 아니요, 저는 아침을 빠르게 먹습니다.

★ 언어와 관련된 부사

나라 이름을 활용하여 형용사와 부사를 만들 수 있는데, 이때 만들어지는 부사는 일반적인 부사와 그 형태가 조금 다릅니다.

나라 이름	какóй?(형용사)	как?(부사)
Коре́я 한국	коре́йский 한국의	по-коре́йски 한국식으로
Росси́я 러시아	ру́сский 러시아의	по-ру́сски 러시아식으로
Áнглия 영국	англи́йский 영국의	по-англи́йски 영국식으로
Испáния 스페인	испáнский 스페인의	по-испáнски 스페인식으로

예 Студе́нты изуча́ют ру́сский язы́к. 학생들은 러시아어를 공부합니다.
　Я говорю́ по-ру́сски. 저는 러시아어로 말을 합니다.
　Мо́я подру́га лю́бит коре́йскую ку́хню. 제 친구는 한국 음식을 좋아합니다.
　Мáма готóвит салáт по-коре́йски. 엄마는 샐러드를 한국식으로 요리합니다.

 왕초보 탈출 팁

óчень(매우)을 활용해서 형용사와 부사를 꾸며 줄 수 있습니다.

예 Он рабóтает óчень хорошó.
그는 일을 매우 잘합니다.

　Он рабóтает не óчень хорошó.
그는 일을 잘 못합니다.

　Он рабóтает óчень не хорошó.
그는 일을 매우 못합니다.

 단어

говори́ть 말하다
зáвтракать 아침을 먹다
студéнт 학생
изучáть 공부하다
подру́га 여자친구
люби́ть 좋아하다
ку́хня 음식, 부엌
готóвить 요리하다, 준비하다
салáт 샐러드

MP3 09-07 들어 보기   MP3 09-08 회화 훈련

4 Она́ интересу́ется карти́нами.
그녀는 그림에 관심이 있습니다.

★ себя́

재귀대명사로 '자기 자신'을 의미 합니다. 영어의 ~self(selves)와 유사합니다. 문장에 쓰인 동사가 어떤 격과 사용되느냐에 따라 себя́도 격변화를 합니다. 단, 주격 형태는 존재하지 않으며 지칭하는 대상의 성이나 수에 상관없이 하나의 형태로 변화합니다.

생격	여격	대격	조격	전치격
себя́	себе́	себя́	собо́й(собо́ю)	себе́

예 Он сли́шком лю́бит себя́. 그는 자기 자신을 너무 사랑합니다.
    Я никогда́ не ду́маю о себе́. 저는 절대 저에 대해 생각하지 않습니다.

★ 재귀동사

재귀동사는 '동사+ся/сь'의 형태를 가집니다. 이때 -ся/-сь가 себя́를 축약한 것이라고 생각하면 재귀동사의 개념을 이해하기 쉽습니다. 즉 '동사+себя́'이기 때문에 행동이 자기 자신에게 되돌아오는 자동사라고 할 수 있습니다. 재귀동사에 해당하는 동사는 의미상의 목적어(~을/를)를 절대 대격으로 받지 않는다는 특징을 가지고 있습니다.

мыть 씻기다*	→	мы́ться 씻다, 샤워하다
одева́ть 옷을 입히다, (특정한) 옷을 입다	→	одева́ться 옷을 입다
интересова́ть 흥미를 일으키다	→	интересова́ться 흥미를 갖다
ра́довать 기쁘게 하다	→	ра́доваться 기뻐하다
называ́ть 이름으로 부르다	→	называ́ться 이름으로 불리다

→ мыть는 '씻기다'라는 의미를 갖고 있지만 직역으로 번역할 경우에는 '~을 씻다'라고 합니다.
예 Де́ти мо́ют ру́ки. 아이들이 손을 씻습니다.
    Ма́ша мо́ет фру́кты. 마샤가 과일을 씻습니다.

예 Ма́ма мо́ет посу́ду. 엄마가 그릇을 씻깁니다. (=설거지를 합니다.)
    Ма́ма мо́ется в ва́нной. 엄마가 욕실에서 씻습니다.
    Ната́ша одева́ет сы́на. 나타샤가 아들에게 옷을 입힙니다.
    Ната́ша одева́ет ю́бку. 나타샤가 치마를 입습니다.
    Ната́ша одева́ется. 나타샤가 옷을 입습니다.

왕초보 탈출 팁

동사의 어미에 따라 재귀동사의 접미사가 다르게 붙습니다. 동사의 어미가 자음으로 끝나면 -ся를 붙이고, 모음으로 끝나면 -сь를 붙입니다.

예 Он интересу́ется иску́сством. 그는 예술에 흥미를 가지고 있습니다.
    Она́ интересова́лась му́зыкой. 그녀는 음악에 흥미를 가졌었습니다.

왕초보 탈출 팁

ва́нная(욕실) 같이 형용사 어미로 끝나는 명사들은 격변화 시 형용사 어미 변화에 따릅니다.

예 столо́вая 식당
    → в столо́вой 식당에
    гости́ная 응접실
    → в гости́ной 응접실에

단어

карти́на 그림
сли́шком 너무
никогда́ 절대 ~ 아닌
ду́мать 생각하다
о ~에 대해
посу́да 그릇
сын 아들
ю́бка 치마
иску́сство 예술
му́зыка 음악

День 09 Я люблю́ занима́ться спо́ртом.

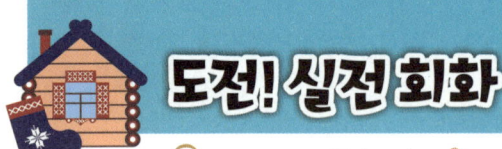

도전! 실전 회화

🎧 MP3 09-09 들어 보기   🎤 MP3 09-10 회화 훈련

 Марина, ты зна́ешь э́ту де́вушку?

 Да, я её зна́ю. Она́ моя́ подру́га.
Её зову́т А́нна.

 Познако́мь меня́ с ней, пожа́луйста!

 С удово́льствием!
А́нна, э́то Анто́н. Анто́н, э́то А́нна.

 Прия́тно познако́миться!

 Мне то́же.

단어

знать 알다	де́вушка 아가씨	подру́га 친구
познако́мить 소개하다	пожа́луйста 부디, 제발	удово́льствие 즐거움, 만족
прия́тно 기분 좋다	познако́миться 첫인사를 나누다, 서로 알게 되다	ра́дость 기쁨 (여)

안톤	마리나, 저 아가씨를 아니?
마리나	응, 알지. 그녀는 내 친구야. 그녀의 이름은 안나야.
안톤	나 좀 그녀와 소개해 줘!
마리나	물론이지! 안나, 이쪽은 안톤이야. 안톤, 이쪽은 안나야.
안톤	만나서 반가워!
안나	나도 반가워.

 **회화 Tip**

어떠한 부탁을 받았을 때 긍정적으로 대답하는 표현 중 명사가 사용될 경우 'с+조격'으로 대답할 수 있습니다.

예 С удово́льствием.
물론이지. (직역: 즐거움과 함께.)

С ра́достью.
물론이지. (직역: 기쁨과 함께.)

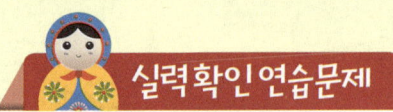

실력확인연습문제

1 빈칸에 들어갈 알맞은 말을 적으세요.

1 Он расска́зывает о́чень _____ (ску́чно/ску́чный).

   그는 매우 지루하게 이야기합니다.

   Она́ расска́зывает _____ (ску́чно/ску́чную) исто́рию.

   그녀는 매우 지루한 이야기를 합니다.

2 Он хорошо́ говори́т _____ (англи́йский/по-англи́йски).

   그는 영어로 잘 대화합니다.

   Он лю́бит смотре́ть _____ (англи́йский/по-англи́йски) фильм.

   그는 영국 영화 보는 것을 좋아합니다.

2 알맞은 어미를 사용하여 빈칸을 채우세요.

1 Мы гуля́ем с _____ (соба́ка) в па́рке.

   우리는 강아지와 공원에서 산책합니다.

2 Вчера́ в шко́ле я познако́мился с _____ (но́вые друзья́).

   어제 저는 학교에서 새로운 친구들을 사귀었습니다.

3 Я бу́ду де́лать дома́шнее зада́ние с _____ (ты).

   나는 너랑 같이 숙제를 할 거야.

정답 **1** 1. ску́чно, ску́чную 2. по-англи́йски, англи́йский **2** 1. соба́кой 2. но́выми друзья́ми 3. тобо́й

문화 엿보기

다차

러시아 사람들은 대부분 다차(дáча)를 가지고 있습니다. 다차는 밭 또는 정원이 딸린 집으로, 대부분 도시 외곽에 위치해 있습니다. '주말 농장' 정도의 느낌이라고 할 수 있는데, 그 이유는 여름철 주말마다 사람들이 대부분 자신이 소유하고 있는 다차에 놀러 가기 때문입니다. 도시에서 벗어나 맑은 공기를 마시며 근처 냇가에서 수영도 하고 직접 농사를 지은 야채와 과일을 먹기도 합니다. 러시아는 초, 중, 고등학생들의 여름방학이 무려 3개월이나 됩니다. 아이들은 긴 여름방학을 다차에서 보내며 부모님을 도와 밭일을 하기도 하는데요. 소도시 같은 경우 가을에 감자 수확철이 되면 학교에 '감자 방학(картóфельные канúкулы)'이 있을 정도로 다차는 겨울 준비를 하는 데 아주 큰 역할을 하기도 합니다. 러시아 사람들에게 다차는 사우나를 즐기기도 하고 가장 편안하게 휴식을 취하기도 하는 곳이기 때문에, 다차에 초대받았다는 것은 그만큼 가까운 사이가 되었다는 것을 의미하기도 합니다.

День 10

Я встречáюсь с дрýгом кáждую пя́тницу.

저는 매주 금요일에 친구를 만납니다.

___월 ___일

MP3와 강의를 들어 보세요

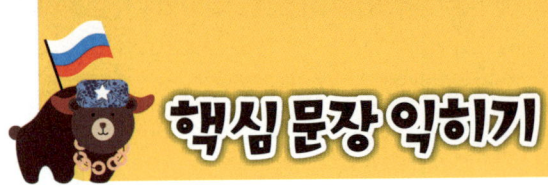

핵심 문장 익히기

🎧 MP3 10-01 들어 보기   🎤 MP3 10-02 회화 훈련

1

Па́па ка́ждое у́тро чита́ет газе́ту.
아빠는 매일 아침 신문을 읽습니다.

★ 빈도 부사

러시아에는 빈도를 묻는 질문으로 Как ча́сто ~?(얼마나 자주 ~합니까?)가 있습니다. 해당 질문에 대답하는 방법 중 하나는 빈도 부사를 활용하는 것입니다.

всегда́	ча́сто	иногда́	обы́чно	ре́дко	никогда́ не + 동사
항상	자주	가끔	평소에	드물게	절대 ~ 않다

 Ребёнок ча́сто пла́чет. 아이는 자주 웁니다.

Он никогда́ не кури́л. 그는 한 번도 담배를 피우지 않았습니다.

★ 빈도를 나타내는 명사구

'매 ~', '~마다'라는 뜻의 ка́ждый 형용사를 활용해서 빈도를 나타낼 수도 있습니다. 이때 ка́ждый는 뒤에 명사의 성과 수에 맞춰 변화하며 대격을 취합니다.

ка́ждый час 매시간	ка́ждую неде́лю 매주
ка́ждое у́тро 아침마다	ка́ждую сре́ду 매주 수요일
ка́ждый ве́чер 저녁마다	ка́ждый ме́сяц 매달
ка́ждый день 매일	ка́ждый год 매년

 Ка́ждое у́тро я пью ко́фе. 매일 아침 저는 커피를 마십니다.

Са́ша ка́ждый вто́рник занима́ется спо́ртом. 매주 화요일 사샤는 운동을 합니다.

 왕초보 탈출 팁

занима́ться는 재귀동사로 '공부하다', '~하다' 등의 의미로 사용됩니다. 이때 의미상 목적어에 해당하는 명사는 조격으로 변화합니다.

예) Он занима́ется матема́тикой.
그는 수학을 공부합니다.

 단어

у́тро 아침
газе́та 신문
ребёнок 아이
пла́кать 울다
кури́ть 담배 피우다
ко́фе 커피 [남]
вто́рник 화요일
спорт 운동, 스포츠
матема́тика 수학

 공부한 내용을 확인해 보세요!

❶ Она́ мо́ет посу́ду _____.
그녀는 저녁마다 설거지를 합니다.

❷ Я _____ смотрю́ фильм в кинотеа́тре.
저는 영화를 영화관에서 자주 봅니다.

 정답
① ка́ждый ве́чер ② ча́сто

🎧 MP3 10-03 들어 보기　🎤 MP3 10-04 회화 훈련

2

В прóшлый втóрник я былá в больнѝце.

지난주 화요일에 저는 병원에 갔습니다.

★ 요일

'오늘 무슨 요일이지?' 같은 질문에 답하려면 해당 요일을 주격으로 쓰면 되지만, '파티는 무슨 요일이야?' 같이 когдá?(언제?)를 활용한 질문에는 'в+대격'으로 답해야 합니다. 단, втóрник 앞에 в가 붙을 때는 발음의 편이를 위하여 во라고 표기합니다.

понедéльник	월요일	пя́тница	금요일
втóрник	화요일	суббóта	토요일
средá	수요일	воскресéнье	일요일
четвéрг	목요일		

예) В пя́тницу бýдет экзáмен. 금요일에는 시험이 있을 예정입니다.
　　Во втóрник у меня́ был экзáмен. 화요일에 저는 시험이 있었습니다.

★ 시기를 나타내는 명사구

когдá?라는 질문에 대답할 때는 보통 전치사 в와 함께 쓰이고, недéля(주)만 전치사 на와 함께 쓰입니다. 시간이 하루보다 길 때에는 전치격으로, 하루 이하일 때는 대격으로 변화합니다. 전치사와 명사 사이에 э́тот(이번), прóшлый(지난), слéдующий(다음) 등의 형용사를 넣어서 표현할 수도 있습니다. 이때 형용사도 명사와 같은 성과 수, 격으로 변화시켜야 한다는 점에 주의하세요.

하루 초과	недéля 주 мéсяц 달, 월 год 해, 년 век 세기	하루 이하	момéнт 순간 секýнда 초 минýта 분 час 시, 시간 день 날, 일

예) В слéдующую срéду бýдет дождь. 다음 주 수요일에는 비가 올 겁니다.
　　На прóшлой недéле у нас был экзáмен. 지난주에 우리는 시험이 있었습니다.
　　В э́том годý былá óчень холóдная зимá. 올해에는 겨울이 매우 추웠습니다.

시간 표현 예외

веснóй	봄에
лéтом	여름에
óсенью	가을에
зимóй	겨울에
ýтром	아침에
днём	낮에
вéчером	저녁에
нóчью	밤에

예) Зимóй в Москвé óчень хóлодно. 겨울에 모스크바는 매우 춥습니다.

　　Сегóдня ýтром мы встрéтились в кафé. 오늘 아침에 우리는 카페에서 만났습니다.

단어

прóшлый 지난
больнѝца 병원
семéстр 학기
кончáться 끝나다
экзáмен 시험
холóдный 차가운, 추운
зимá 겨울
дождь 비
встрéтиться 만나다

핵심 문장 익히기

🎧 MP3 10-05 들어 보기 🎤 MP3 10-06 회화 훈련

3

Мой день рожде́ния бу́дет че́рез неде́лю.

제 생일은 일주일 뒤에 있습니다.

⭐ че́рез와 наза́д

'~ 후에'라는 뜻의 че́рез와 '~ 전에'라는 뜻의 наза́д를 활용해서 시간을 표현할 수 있습니다. наза́д는 전치사 중에서도 예외적으로 명사 앞에 쓰이는 것이 아니라 명사 뒤에 쓰인다는 점에 유의하세요.

че́рез + 명사(대격)	~ 후에
명사(대격) + наза́д	~ 전에

 Че́рез час О́льга бу́дет до́ма. 한 시간 뒤에 올가는 집에 있을 겁니다.
Два дня наза́д у меня́ была́ просту́да. 이틀 전에 저는 감기에 걸렸습니다.

⭐ 시간 표현하기

'지금은 ~시야' 같이 현재 시각을 말하는 것이 아니라 '학교는 3시에 끝나' 같이 어떤 사건이나 일이 언제 일어나는지를 표현할 때에는 전치사 в가 사용됩니다. 이때 час(시) 와 мину́та(분)는 앞의 숫자에 맞게 어미가 변화됩니다.

 А: Во ско́лько начина́ется о́пера? 오페라는 몇 시에 시작됩니까?
Б: В 7 часо́в 30 мину́т. 7시 30분에 시작합니다.

⭐ 날짜 표현하기

어떤 사건이나 일이 어느 날 일어나는지를 표현할 때에는 전치사 없이 일과 월 모두 생격으로 씁니다. 예컨대 2월 4일은 четвёртое февраля́(2월의 네 번째 날)이고, '2월 4일에'라고 표현하고 싶으면 четвёртого февраля́라고 하면 됩니다. 이때 '일'에 해당하는 단어는 기수가 아닌 서수로 쓰인다는 점에 유의하세요.

 А: Како́го числа́ ты был в больни́це? 며칠날 병원에 갔었어?
Б: Пя́того октября́. 10월 5일에.

➜ 월 69쪽

왕초보 탈출 팁

1월부터 12월까지 단어들 중에는 어미가 -ь으로 끝나는 단어들이 상당히 많은데요. '월'은 ме́сяц로 월을 표현하는 단어들도 모두 남성 2그룹에 해당합니다.

왕초보 탈출 팁

мину́та(분)과 час(시)는 아래와 같이 앞에 어떤 숫자가 오느냐에 따라 어미가 변화됩니다.

	분	시
1	мину́та	час
2~4	мину́ты	часа́
5~20	мину́т	часо́в

단어

день рожде́ния 생일
до́ма 집에
просту́да 감기
во ско́лько 몇 시에
начина́ться 시작되다
о́пера 오페라
у́жинать 저녁을 먹다
ме́сяц 달, 월

🎧 MP3 10-07 들어 보기   🎤 MP3 10-08 회화 훈련

4

В Москве́ всю зи́му бы́ло о́чень хо́лодно.

모스크바는 겨울 내내 추웠습니다.

★ 시간의 지속을 나타내는 명사구

как до́лго?(얼마나 오랫동안?)는 시간의 지속을 묻는 표현입니다. 여기에 답하려면 기간에 해당하는 명사구를 전치사 없이 대격으로 써 주면 됩니다. весь와 це́лый를 덧붙여서 기간을 강조할 수도 있는데, 이 둘은 의미가 비슷해 보이지만 це́лый를 사용하는 경우 '꽉 채워', '넘치게 많이'라는 의미를 강조하는 뉘앙스가 있습니다.

주격	뜻	대격	
весь, вся, всё	~ 내내 (직역: 모든)	весь, всю, всё	ме́сяц у́тро год день ве́чер неде́лю зи́му о́сень
це́лый, це́лая, це́лое	~ 동안이나 (직역: 전체, 가득 찬)	це́лый, це́лую, це́лое	

 왕초보 탈출 팁

동사 петь(노래하다)와 жить(살다)는 1그룹 동사로, 현재 변화 할 때 어간이 달라집니다.

петь 노래하다	
я	пою́
ты	поёшь
они́	пою́т
명령형	пой(те)

жить 살다	
я	живу́
ты	живёшь
они́	живу́т
명령형	живи́(те)

예 Она́ здесь жила́ оди́н год.
그녀는 여기에서 일 년 동안 살았습니다.

Она́ це́лый час разгова́ривает с дру́гом.
그녀는 한 시간이나 친구와 대화를 나누고 있습니다.

Ребёнок всё у́тро пел пе́сню о́чень гро́мко.
아이는 아침 내내 큰 소리로 노래를 불렀습니다.

 단어

жить 살다
разгова́ривать 대화하다
пе́сня 노래
гро́мко 큰 소리로
учи́ть 외우다
сло́во 단어

 공부한 내용을 확인해 보세요!

❶ Мой друг жил в Коре́е _____ (весь/всё) ле́то.
제 친구는 여름 내내 한국에서 살았습니다.

❷ Студе́нт _____ (весь/всю) ве́чер учи́л слова́.
대학생은 저녁 내내 단어를 외웠습니다.

 정답

① всё ② весь

День 10 Я встреча́юсь с дру́гом ка́ждую пя́тницу.

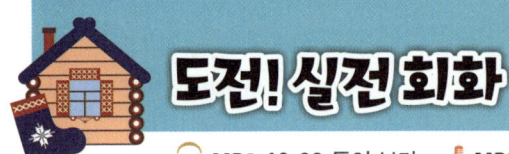

🎧 MP3 10-09 들어 보기   🎤 MP3 10-10 회화 훈련

 Мари́на, когда́ у тебя́ начина́ется о́тпуск?

 Восьмо́го января́.

 И как до́лго?

 Почти́ ме́сяц!

 Что ты бу́дешь де́лать це́лый ме́сяц?

 Я бу́ду в Сеу́ле.

 А ты ча́сто отдыха́ешь в Сеу́ле?

 Всего́ оди́н раз в год.

 Я то́же о́чень хочу́ там отдыха́ть.

단어

начина́ться 시작되다	о́тпуск 휴가	восьмо́й 여덟 번째
янва́рь 1월	до́лго 오랫동안	почти́ 거의
ме́сяц 달, 월	де́лать 하다	це́лый ~동안이나
Сеу́л 서울	ча́сто 자주	отдыха́ть 쉬다
всего́ 통틀어서	раз 번, 회	год 해, 년
то́же 또한, 역시	хоте́ть 원하다	там 거기, 거기서

안톤	마리나, 너의 휴가는 언제 시작되니?
마리나	1월 8일에.
안톤	얼마나 되는데?
마리나	거의 한 달!
안톤	한 달 동안이나 뭐 할 거야?
마리나	나 서울에 있을 거야.
안톤	너는 서울에서 자주 쉬니?
마리나	통틀어서 일 년에 한 번.
안톤	나도 거기서 쉬고 싶다.

 **회화 Tip**

대화에서 사용된 всего는 весь의 생격입니다. 기간을 이야기할 때 앞에 이 단어를 사용하면 '~밖에 안 된다' 또는 '통틀어서'라는 의미를 갖게 됩니다. 총 금액을 이야기하거나 합계를 말할 때도 사용됩니다.

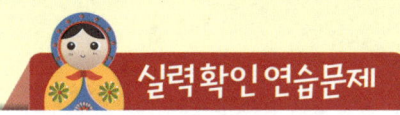

1 빈칸에 들어갈 알맞은 말을 적으세요.

1. **Где ты был _____ (минýта) _____ (назáд/чéрез)?**
   너 1분 전에 어디에 있었어?

2. **Ýжин бýдет _____ (назáд/чéрез) _____ (час).**
   1시간 뒤에 저녁식사를 할 겁니다.

3. **Áнна рабóтает здесь _____ (недéля).**
   안나는 여기에서 일주일 동안 일합니다.

4. **Он _____ (весь/всё) _____ (вéчер) рабóтает.**
   그는 저녁 내내 일을 합니다.

2 괄호 안의 단어를 사용하여 질문에 알맞은 대답을 적으세요.

1. **А: Когдá они́ бýдут здесь?**
   그들은 언제 여기에 옵니까?

   Б: _____. (вéчер)
   그들은 저녁에 여기에 옵니다.

2. **А: Как чáсто вы ýжинаете в ресторáне?**
   레스토랑에서 얼마나 자주 저녁을 먹습니까?

   Б: _____. (кáждая средá)
   저는 매주 수요일 레스토랑에서 저녁을 먹습니다.

정답
1 1. минýту, назáд 2. чéрез, час 3. недéлю 4. весь, вéчер
2 1. Они бýдут здесь вéчером. 2. Я ýжинаю в ресторáне кáждую срéду

러시아 사우나 - 바냐

러시아 사람들은 대부분 다차를 가지고 있습니다. 그리고 다차에서 빠질 수 없는 것이 바로 러시아식 사우나, 바냐(бáня)입니다. 바냐 건물은 보통 소나무로 만들고, 최소 두 개의 방으로 되어 있는데요. 이 두 방을 난로(пéчка)가 연결해 줍니다. 그 안에서 장작을 때면 뜨거운 열기가 안으로 들어가 공기가 달궈지는 방식인데요. 의사들이 군인들에게 실험을 진행했는데, 꾸준히 바냐를 다닌 군인들은 잔병치레도 없고 훨씬 건강했다는 결과가 아주 예전부터 나왔다고 합니다. 남녀노소를 불문하고, 심지어 임산부에게도 좋은 영향을 준다고 하여 러시아 사람들은 바냐 문화에 굉장한 자부심을 가지고 있습니다. 자작나무의 잔가지를 묶은 вéник으로 몸을 쓰다듬거나 툭툭 치면서 마사지를 하기도 하고, 겨울에는 사우나와 밖에 쌓인 눈더미 사이를 번갈아 다니기도 합니다. 하지만 옛날에는 환기구가 너무 낡아서 장작을 때면서 발생하는 가스가 안으로 새어 들어가는 사고도 발생했었다고 합니다. 때문에 러시아에는 바냐에 가는 사람들에게 하는 특이한 인사가 있습니다. "С лёгким пáром!" 직역하자면 '가벼운 수증기를 기원합니다!'인데요, 가스가 새지 않고 뜨겁고 좋은 열기만 받고 나오라는 의미를 가지고 있습니다.

День 11

Мне 23 го́да.
저는 23살입니다.

_____월 _____일

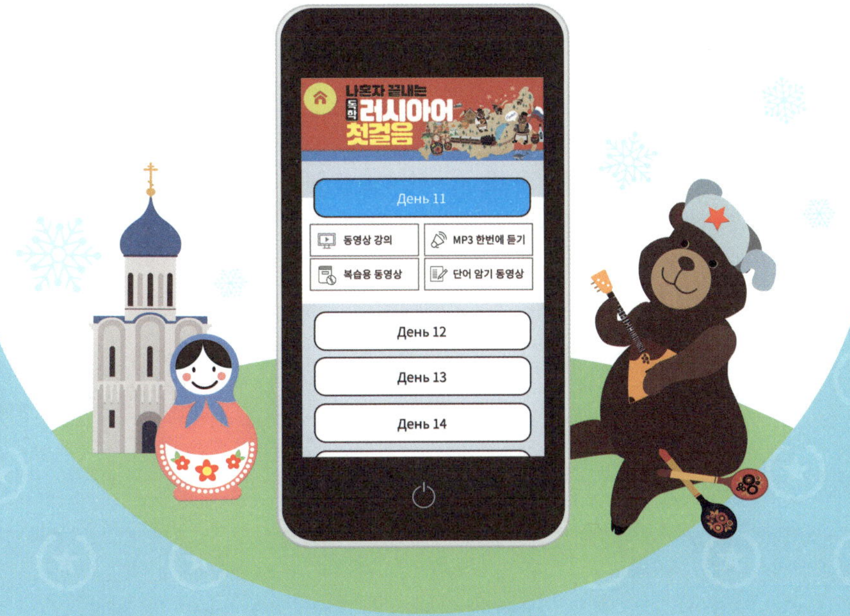

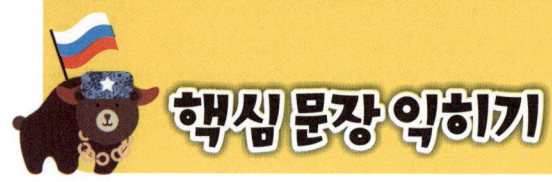

핵심 문장 익히기

1

🎧 MP3 11-01 들어 보기   🎤 MP3 11-02 회화 훈련

Бáбушка расскáзывала мне скáзку.
할머니가 저에게 옛날이야기를 해 줬습니다.

★ 여격

러시아어의 6격 중 세 번째 격에 해당하는 여격은 кому?/чему? 질문에 대답할 때 사용합니다. 보통 '~한테', '~에게'라는 의미를 지니고 있고, 문장에서 행동의 영향을 받는 사람 또는 사물이 여격으로 표현됩니다.

★ 명사, 형용사의 여격 어미 변화

	명사				형용사		
	단수			복수	단수		복수
	1그룹	2그룹	3그룹		여성	남성, 중성	
кому? чему?	-е	-у/-ю	-и	-ам/-ям	-ой/-ей	-ому/-ему	-ым/-им
여격 (주격)	кни́ге (кни́га)	то́рту (торт)	но́чи (ночь)	гора́м (го́ры)	я́сной (я́сная)	я́сному (я́сный/ое)	я́сным (я́сные)

💬 Вчера́ я звони́л дру́гу.
저는 어제 친구에게 전화했습니다.

Преподава́тель сове́товал иностра́нным студе́нтам.
교수님이 외국 학생들에게 조언했습니다.

➡ 여격 지배 동사 183쪽

★ 인칭대명사의 여격

주격	я	ты	он	она́	мы	вы	они́
여격	мне	тебе́	ему́	ей	нам	вам	им

💬 Он обеща́л мне. 그가 제게 약속했습니다.
Анто́н пел ей серена́ду. 안톤이 그녀에게 세레나데를 불러 줬습니다.

 왕초보 탈출 팁

сове́товать와 같이 -овать 또는 -евать로 끝나는 동사들은 다음과 같이 변화합니다.

сове́товать 조언하다	
я	сове́тую
ты	сове́туешь
он/она́	сове́тует
мы	сове́туем
вы	сове́туете
они́	сове́туют

➡ -овать, -евать 동사 186쪽

 단어

бáбушка 할머니
расскáзывать 이야기하다
скáзка 옛날이야기
звони́ть 전화하다
иностра́нный 외국의
обеща́ть 약속하다
петь 노래하다
серена́да 세레나데

2

Он ча́сто смо́трит фильм по телеви́зору.
그는 자주 TV로 영화를 봅니다.

🎧 MP3 11-03 들어 보기 🎤 MP3 11-04 회화 훈련

★ 여격의 용법

1. 나이

나이가 가리키는 대상이 여격으로 변화합니다.

예) Ему́ 30 лет.   그는 30살입니다.
    Москве́ 878 лет.   모스크바는 878년이 됐습니다.

2. 전치사 по + 여격

① 매체: '~을 통해서', '~으로' 등으로 해석되며, 행동이 어떤 매체를 통해 이루어지는지 표현할 수 있습니다.

смотре́ть 보다	по	телеви́зору	예) Он смо́трит фильм по телеви́зору. 그는 TV로 영화를 봅니다.
слу́шать 듣다		ра́дио	예) Я слу́шаю му́зыку по ра́дио. 저는 라디오로 음악을 듣습니다.
звони́ть 전화하다		моби́льному телефо́ну	예) Он звони́л мне по моби́льному телефо́ну. 그는 핸드폰으로 나에게 전화했습니다.
отправля́ть 보내다		электро́нной по́чте	예) Я ча́сто отправля́ю письмо́ по электро́нной по́чте. 저는 이메일로 편지를 자주 보냅니다.

② 영역: 행동이 일어나는 영역이나 대상이 나타내는 범위 등을 표현할 수 있습니다.

예) Она́ гуля́ет по у́лице.   그녀는 거리에서 산책합니다.
    Ско́ро бу́дет экза́мен по ру́сскому языку́.   곧 러시아어 시험이 있습니다.
    У меня́ мно́го уче́бников по матема́тике.   저에게는 수학 교과서가 많습니다.

공부한 내용을 확인해 보세요!

① Преподава́тел___ (-е / -ю) 59 лет.   교수님은 59세입니다.

② У меня́ уче́бник по хи́ми___ (-е / -и).   저에게 화학 교과서가 있습니다.

 왕초보 탈출 팁

гуля́ть(산책하다) 뒤에 в가 사용될 경우 장소 자체에 포인트가 있지만, по가 사용될 경우 장소가 아니라 산책하는 행동 자체에 방점이 찍혀서 '거닐다' 또는 '이곳저곳 돌아다니다' 등의 의미가 더 커집니다.

예) A: Где ты? 너 어디야?
    Б: Я сейча́с гуля́ю в па́рке. 나는 지금 공원에서 산책중이야.
    A: Что ты де́лаешь? 너 뭐 해?
    Б: Я сейча́с гуля́ю по па́рку и слу́шаю му́зыку. 나는 지금 공원을 거닐면서 음악을 듣고 있어.

 단어

ча́сто 자주
фильм 영화
моби́льный телефо́н 핸드폰
электро́нная по́чта 이메일
ско́ро 곧
экза́мен 시험
уче́бник 교과서
преподава́тель 선생님, 교수님 (남)
хи́мия 화학

 정답

① -ю ② -и

День 11 Мне 23 го́да. **115**

핵심 문장 익히기

🎧 MP3 11-05 들어 보기 🎤 MP3 11-06 회화 훈련

3

Нас приглашáют на вечерúнку.
우리는 파티에 초대받았습니다.

무인칭문 1 **3인칭 복수형**

러시아어는 주어가 생략되는 경우가 많은데, 무인칭문의 첫 번째 유형도 이런 경우입니다. '불특정 다수의 사람들은 ~한다'라는 의미의 문장에서 '불특정 다수의 사람들은' 부분을 생략하는 것인데요. 동사만 보아도 맥락상 주어를 유추할 수 있습니다.

예) Лю́ди здесь не ку́рят. 사람들은 여기서 담배를 피우지 않습니다.
→ Здесь не ку́рят. 여기서 담배를 피우지 않습니다.

Лю́ди зову́т меня́ Лéна. 사람들은 저를 레나라고 부릅니다.
→ Меня́ зову́т Лéна. 제 이름은 레나입니다.

무인칭문 2 **여격+동사**

무인칭동사는 동사가 나타내는 행동이 주어의 의지와는 상관이 없거나, 주어 없이 자연적으로 이루어질 때 사용합니다. 이때 주어는 онó가 생략된 것으로 보기 때문에 동사 또한 3인칭 단수에 맞게 변화합니다.

	현재형	과거형
여격 +	хóчется 원하다 спи́тся 잠이 오다 хвата́ет 충분하다 слéдует ~해야 옳다 везёт 운이 따르다	хотéлось спалóсь хвата́ло слéдовало везлó

예) Мне хóчется пить. (=Я хочý пить.) 나는 물이 마시고 싶습니다.
Ната́ше всегдá везёт. 나타샤에게는 늘 운이 따릅니다.

공부한 내용을 확인해 보세요!

❶ _____ (я) хóчется отдыхáть. 나는 쉬고 싶습니다.

❷ Матема́тику не _____ (изуча́ть) бы́стро.
수학은 빠르게 배워지지 않습니다. (=사람들은 수학을 빠르게 배우지 않습니다.)

단어

приглаша́ть 초대하다
вечерúнка 파티
лю́ди 사람들 (복)
здесь 여기, 여기서
кури́ть 담배 피우다
звать 부르다
пить 마시다
всегдá 늘, 언제나
изуча́ть 배우다
бы́стро 빠르게

정답
① мне ② изуча́ют

🎧 MP3 11-07 들어 보기　🎙 MP3 11-08 회화 훈련

4

Мне хо́лодно.
저는 춥습니다.

무인칭문 3 여격+부사

부사가 동사의 역할을 하는 경우, 주어의 의미를 가진 단어가 여격으로 변화합니다. 그런데 이 구문에서 동사가 아예 없고 부사가 동사 역할을 하는 것이라기보다는 현재시제이기 때문에 быть가 생략된 것이라고 할 수 있습니다. 때문에 과거, 미래시제에서는 быть를 다시 살려서 구문을 만들어야 하는데요, 문장에 주어는 없기 때문에 быть를 중성형인 бы́ло, бу́дет으로 변화시켜야 합니다.

현재형	예 Мне жа́рко. 저는 덥습니다. (직역: 저한테 덥습니다.)
과거형	예 Мне бы́ло ве́село. 저는 재미있었습니다.
미래형	예 Мне бу́дет тру́дно. 저한테는 어려울 것입니다.

왕초보 탈출 팁

'여격+부사' 뒤에 동사원형이 사용되기도 합니다. 동사원형이 '~하는 것'이라는 뜻으로 주어 역할을 한다고 생각하면 쉽습니다.

- 예 Мари́не жа́рко здесь сиде́ть. 마리나에게는 여기에 앉아 있는 게 덥습니다.

★ ну́жно의 성, 수 일치

ну́жно는 '~이 필요하다'라는 뜻의 부사입니다. ну́жно 구문에서는 필요한 것을 의미하는 단어가 주어의 역할을 합니다. 이때 주어에 따라 ну́жно와 быть도 성, 수 일치를 해 주어야 합니다.

여격 (필요로 하는 대상)	ну́жен ну́жно нужна́ нужны́	(과거) быть 과거형 (현재) - (미래) быть 미래형	주격 (필요한 것)

예 Де́тям нужна́ забо́та. 아이들에게는 배려가 필요합니다.
　Ему́ ну́жен был зонт. 그에게 우산이 필요했습니다.
　Учи́телю нужна́ бу́дет по́мощь. 선생님에게 도움이 필요할 것입니다.
→ 여격과 함께 쓰이는 서법 부사 183쪽

공부한 내용을 확인해 보세요!

❶ Нам _____ (быть) ску́чно. 우리는 지루했습니다.

❷ _____(я) нуж___(-ен, -на) по́мощь. 저에게 도움이 필요합니다.

단어

хо́лодно 춥다
жа́рко 덥다
ве́село 재밌다, 즐겁다
тру́дно 어렵다
де́ти 아이들
забо́та 배려, 관심
зонт 우산
учи́тель 선생님
по́мощь 도움
сиде́ть 앉아 있다
ску́чно 지루하다

정답
① бы́ло　② Мне, -на

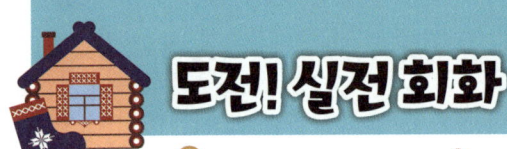

도전! 실전 회화

🎧 MP3 11-09 들어 보기   🎤 MP3 11-10 회화 훈련

 Антон Мари́на! Что ты де́лаешь?

 **Мари́на** Я выбира́ю пода́рок для О́льги.
У неё ско́ро день рожде́ния!

 **Антон** А кто О́льга?

 Мари́на Э́то моя́ подру́га.
Мы познако́мились в шко́ле.

 **Антон** Ско́лько ей лет?❶

 Мари́на Ей бу́дет 23 го́да❷.

단어

де́лать 하다	выбира́ть 고르다, 선택하다	пода́рок 선물
для ~를 위해	ско́ро 곧	день рожде́ния 생일 (남)
подру́га 친구	познако́миться 알고 지내게 되다, 통성명하다	шко́ла 학교
ско́лько 얼마나, 얼마만큼	год 해, 년	

안톤	마리나! 뭐 해?
마리나	올가를 위한 선물을 고르고 있어. 곧 그녀의 생일이거든!
안톤	올가가 누구야?
마리나	내 친구야. 우리는 학교에서 알고 지내게 됐어.
안톤	그녀는 몇 살이야?
마리나	23살이 될 거야.

 회화 Tip

❶ 'Ско́лько+여격+лет?'은 나이를 물을 때 사용하는 표현입니다. 나이를 묻고 싶은 사람은 여격으로 변화시키고, 몇 년인지 정확한 숫자를 모르기 때문에 불특정의 의미로 год나 го́да가 아닌 лет을 사용합니다.

❷ год(해, 년)는 나이, 연도 등을 표현할 때 사용하는 단어인데요, 앞에 오는 숫자에 따라 그 쓰임이 달라집니다.

1 (뒷자리가 1일 때)	год
2~4 (뒷자리가 2~4일 때)	го́да
5~20 (뒷자리가 5~0일 때)	лет

➔ 생격의 용법 67쪽

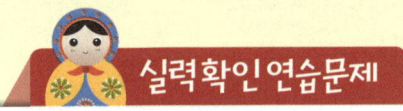

실력확인연습문제

1 빈칸에 들어갈 알맞은 말을 적으세요.

1 Máма кáждый вéчер читáет _____ (сын) скáзку.
엄마가 매일 저녁 아들에게 옛날이야기를 읽어 줍니다.

2 Он разговáривает с дрýгом по _____ (телефóн).
그는 친구와 전화로 대화합니다.

3 Он покáзывает _____ (я) картúну.
그가 나에게 그림을 보여 줍니다.

4 _____ (мы) óчень хóлодно.
우리는 매우 춥습니다.

2 нýжен, нужнá, нýжно, нужны́ 중 알맞은 단어를 적으세요.

1 Им _____ былá рабóта.
그들에게는 일이 필요했었습니다.

2 Мне _____ дéлать домáшнее задáние.
저는 숙제를 해야 합니다.

3 Емý _____ словáрь.
그에게 사전이 필요합니다.

정답
1 1. сы́ну 2. телефóну 3. мне 4. нам
2 1. нужнá 2. нýжно 3. нýжен

문화 엿보기

행운의 상징

러시아 사람들은 연말이 오기 전에 온 가족이 모여 пельмéни(만두)를 빚는 정통이 있습니다. 러시아 만두는 보통 고기가 주재료인데요, 이때 몇 개의 만두소는 고기가 아닌 후춧가루, 마늘 또는 고추를 넣기도 합니다. 당연히 고기만두일 거라 생각하고 먹었는데 마늘만두가 걸리면 매우 당황스럽겠지요. 벌칙이 아닐까 생각이 들기도 하지만, 러시아에서는 이를 행운의 상징으로 여깁니다.

만두 말고도 또 다른 재미있는 행운의 상징이 있습니다. 바로 버스표인데요, 예전 러시아 버스표에는 6개의 숫자가 적혀 있었습니다. 이때 앞의 3개의 숫자를 더한 값이 뒤의 3개의 숫자를 더한 값과 같으면 행운의 버스표로 여겨졌습니다. 특이한 건, 행운의 버스표를 그냥 간직하는 것이 아니라 소원을 빌고 먹어야 한다는 것입니다. 그리고 이때 빈 소원은 이루어질 때까지 절대 다른 이에게 말해서는 안 된다고 합니다.

День 12
Зáвтра я закóнчу план.
내일 저는 계획서를 완성할 겁니다.

월   일

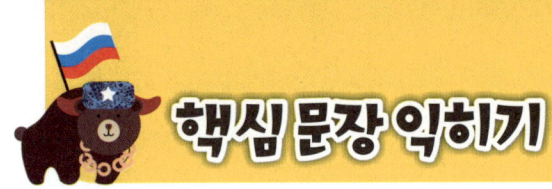

핵심 문장 익히기

🎧 MP3 12-01 들어 보기   🎤 MP3 12-02 회화 훈련

1

Они́ уже́ пригото́вили у́жин.
그들은 벌써 저녁을 다 준비했습니다.

★ 불완료상과 완료상

러시아어 동사는 불완료상과 완료상, 2가지 상을 가지고 있습니다. 불완료상은 행동의 과정, 진행 상태에 중점을 두며 반복적인 행동을 나타낼 수 있는 반면, 완료상은 그 결과물에 더 중점을 두며 단발적인 행동을 묘사할 때 사용됩니다. 불완료상은 영어의 단순, 진행형과 유사하고, 완료상은 영어의 완료시제와 유사하다고 할 수 있습니다.

예) Ве́чером он чита́л кни́гу. 그는 저녁에 책을 읽었습니다. (과정)
　　Вчера́ он прочита́л кни́гу. 어제 그는 책을 다 읽었습니다. (결과)
　　Ма́ма ка́ждое у́тро гото́вит сала́т. 엄마는 매일 아침 샐러드를 만듭니다. (반복성)
　　Ма́ма пригото́вила сала́т. 엄마가 샐러드를 만들었습니다. (일회성)

★ 상의 형성

불완료상	완료상
접두사	
-	по-, про-, при-, за-, на-, вы-, с-, у- 등
де́лать	сде́лать 하다, 만들다
чита́ть	прочита́ть 읽다
접미사	
-а-	-и-
отвеча́ть	отве́тить 대답하다
реша́ть	реши́ть 결정하다
-ва-, -ива-, -ыва-	-
дава́ть	дать 주다
спра́шивать	спроси́ть 묻다
расска́зывать	рассказа́ть 이야기하다
-	-ну-
отдыха́ть	отдохну́ть 쉬다
вздыха́ть	вздохну́ть 한숨을 쉬다

왕초보 탈출 팁

완료상에서 어간이 완전히 달라지는 예외의 경우도 있습니다.

불완료상	완료상	뜻
говори́ть	сказа́ть	말하다
брать	взять	취하다
лови́ть	пойма́ть	잡다
покупа́ть	купи́ть	사다
класть	положи́ть	놓다
ложи́ться	лечь	눕다
сади́ться	сесть	앉다

단어

уже́ 벌써
пригото́вить 준비하다 완
у́жин 저녁 식사
ве́чером 저녁에
сала́т 샐러드

🎧 MP3 12-03 들어 보기　🎤 MP3 12-04 회화 훈련

2 Я уже́ написа́л докла́д.
저는 리포트를 이미 다 썼습니다.

★ 불완료상과 완료상의 용법

불완료상	완료상
구체적이지 않은 사실(행동, 과정)	구체적인 사실(결과, 마무리)
예) Вчера́ я писа́л письмо́. 저는 어제 편지를 썼습니다.	예) Вчера́ я написа́л письмо́. 어제 저녁 저는 편지를 다 썼습니다.
과정	행동의 시작과 끝
과정을 의미하는 부사 до́лго 오랫동안 весь день 하루 종일 це́лый год 1년 내내 ещё 아직, 더	끝을 의미하는 부사 уже́ 이미, 벌써
예) Он до́лго мо́ет посу́ду. 그는 설거지를 오래 합니다.	예) Он уже́ вы́мыл посу́ду. 그는 이미 설거지를 다 했습니다.
반복적	단발적
반복 및 빈도를 나타내는 부사 обы́чно 평소에 никогда́ 절대 ка́ждый день 매일	단발성을 나타내는 부사 бы́стро 빨리 сра́зу 바로 вдруг 갑자기 наконе́ц 드디어 неожи́данно 예상치 못하게
예) Я ка́ждое у́тро гуля́ю с соба́кой. 저는 매일 아침 강아지와 산책을 합니다.	예) Он наконе́ц сказа́л пра́вду. 그가 드디어 진실을 말했습니다.
동시에 이루어지는 행동	차례대로 이루어지는 행동
예) Он сиди́т и чита́ет. 그는 앉아서 책을 읽고 있습니다.	예) Снача́ла я вы́учил слова́, пото́м прочита́л текст. 저는 먼저 단어를 다 외우고, 다음에 텍스트를 읽었습니다.

 왕초보 탈출 팁

시작과 끝을 의미하는 동사 뒤에는 불완료상 동사원형이 사용됩니다.

불완료상	완료상
시작하다	
начина́ть	нача́ть
끝내다	
зака́нчивать	зако́нчить

예) О́льга начала́ гро́мко петь. 올가가 큰 소리로 노래를 부르기 시작했습니다.

 단어

докла́д 리포트
мыть 씻기다 불
вы́мыть 씻기다 완
посу́да 그릇, 식기
гуля́ть 산책하다 불
с ~와 함께
соба́ка 강아지
пра́вда 진실, 사실
сиде́ть 앉아 있다 불
снача́ла 우선
сло́во 단어
пото́м 그 다음에
текст 텍스트
гро́мко 큰 소리로
петь 노래하다 불

День 12 За́втра я зако́нчу план.

핵심 문장 익히기

🎧 MP3 12-05 들어 보기   🎤 MP3 12-06 회화 훈련

3

Завтра я обязательно тебе позвоню.
내일은 내가 꼭 너한테 전화할게.

★ 상의 시제

과정을 의미하는 불완료상은 과거, 현재, 미래 3개의 시제로 모두 활용할 수 있지만, 결과를 의미하는 완료상은 현재시제가 존재하지 않습니다. 현재 일어나고 있는 일에 대해서는 결과를 이야기할 수 없기 때문이죠. 미래시제를 나타내는 방식에도 차이가 있는데, 불완료상은 'быть+동사원형'으로 표현하고 완료상은 동사의 현재형을 써 줍니다. 이때 완료상의 현재형이 현재시제를 의미하는 것이 아니라는 점에 유의하세요.

	불완료상	완료상
미래	я буду ты будешь он/она будет + делать мы будем вы будете они будут	я сделаю ты сделаешь он/она сделает мы сделаем вы сделаете они сделают

예 Завтра я буду ужинать в ресторане. 내일 저는 레스토랑에서 저녁을 먹을 겁니다.
　 Завтра я тебе всё скажу. 내일 내가 너에게 다 말해 줄게.

★ 과정이 아닌 반복성을 의미하는 불완료상 동사

брать 잡다	забывать 잊다	дарить 선물하다
получать 받다	опаздывать 지각하다	присылать 보내다
бывать 있다	разрешать 허락하다	находить 찾다, 발견하다
давать 주다	вставать 일어나다	

 공부한 내용을 확인해 보세요!

❶ Мы _____ (гулять) в парке.
우리는 공원에서 산책을 할 겁니다.

❷ Завтра я _____ (написать) письмо.
내일 저는 편지를 다 쓸 겁니다.

🪆 왕초보 탈출 팁

'찾다'라는 뜻의 искать는 사실 '찾아다니다', '찾고 있다'라고 해석하는 게 더 적절합니다. 이 동사는 단어 자체의 의미상 완료상을 가지고 있지 않습니다. '찾았다', '발견했다'라고 말하고 싶다면 находить - найти를 사용해야 합니다.

예 Я везде искал ключ, но его нигде нет. 저는 이미 모든 곳을 다 찾아봤지만 열쇠는 어디에도 없습니다.

Евгения нашла Серафима. 예브게니야는 세라핌을 발견했습니다.

Ты всегда находишь решение проблемы. 너는 항상 문제의 해결책을 찾아낸다.

🏛 단어

обязательно 꼭, 반드시
позвонить 전화하다
ужинать 저녁을 먹다
ресторан 레스토랑
везде 모든 곳에
искать 찾다, 검색하다
найти 찾다, 발견하다
ключ 열쇠
нигде 어디에도

정답
❶ будем гулять   ❷ напишу

🎧 MP3 12-07 들어 보기   🎤 MP3 12-08 회화 훈련

4

Здесь нельзя́ гро́мко говори́ть.
여기에서 큰 소리로 말하면 안 됩니다.

★ 불완료상과 완료상의 명령문

불완료상	완료상
행동의 시작을 허락할 때 예) Тепе́рь пиши́те дикта́нт. 이제 받아쓰기를 하세요.	**부탁** 예) Напиши́те э́тот текст. 이 텍스트를 쓰세요.
행동이 이어질 때 예) Говори́те, говори́те! 계속 말하세요!	**요구** 예) Сего́дня обяза́тельно повтори́те слова́. 오늘 집에서 단어를 꼭 복습하세요.
과정 예) Слу́шайте текст 3 ра́за. 이 텍스트를 세 번 들으세요.	**조언** 예) Прочита́йте э́ту кни́гу. Она́ о́чень интере́сная. 이 책을 읽어 보세요. 매우 재미있습니다.
반복 예) Чита́йте текст ка́ждый день. 텍스트를 매일 읽으세요.	**추천** 예) Снача́ла узна́йте пого́ду, а пото́м возьми́те зонт. 우선 날씨를 알아보고 우산을 가지고 가세요.

👶 왕초보 탈출 팁

раз는 횟수를 의미합니다. 명사는 앞에 있는 숫자에 따라 어미가 변화하는 규칙이 있는데요, 이 단어는 예외에 속합니다. 원래대로라면 뒷자리가 5 이상인 수 뒤에 ра́зов를 써야 할 것 같지만, 예외적으로 раз라고 표현합니다.

1	раз
2~4	ра́за
5~20	раз

 Я чита́л ту кни́гу 26 раз.
저는 그 책을 26번 읽었습니다.

★ нельзя́와 동사의 상

нельзя́ 뒤에 오는 동사가 어떤 상인지에 따라 의미가 달라집니다.

1. нельзя́ + 불완료상 동사원형: ~하면 안 된다

예) Здесь нельзя́ бе́гать.
여기서는 뛰어다니면 안 됩니다.

2. нельзя́ + 완료상 동사원형: ~하는 것이 불가능하다, ~할 수 없다

예) У тебя́ о́чень плохо́й по́черк. Э́то сло́во нельзя́ прочита́ть.
너는 필기체가 참 나쁘다. 이 단어를 읽을 수가 없다.

🏛 단어

тепе́рь 이제
дикта́нт 받아쓰기
повтори́ть 반복하다, 복습하다
интере́сный 재미있는
узна́ть 알아보다 완
пого́да 날씨
взять 가져가다, 취하다 완
зонт 우산
бе́гать 뛰다 불
плохо́й 나쁜
по́черк 필기체

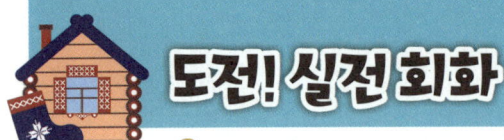

🎧 MP3 12-09 들어 보기   🎤 MP3 12-10 회화 훈련

 Марина, ты написала доклад?

 Ещё нет. Я сейчас как раз его пишу.

 Когда тебе нужно его закончить?

 Уже завтра!

 Осталось совсем мало времени❶.
Удачи тебе!❷

 Спасибо!

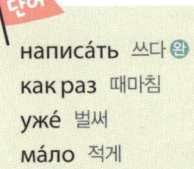

написать 쓰다 완	доклад 리포트	ещё 아직, 더
как раз 때마침	нужно 필요하다	закончить 끝내다 완
уже 벌써	остаться 남다 완	совсем 완전히, 아주
мало 적게	время 시간 중	удача 행운

안톤	마리나, 리포트 다 썼어?
마리나	아니, 아직. 지금 안 그래도 쓰는 중이야.
안톤	언제까지 끝내야 하는데?
마리나	벌써 내일이야!
안톤	시간이 아주 조금 남았네. 행운을 빌어!
마리나	고마워!

 회화 Tip

① врéмя는 중성에 해당되는 예외 단어이며, 격 변화 시 어미 또한 규칙과 다릅니다. 이는 단어 и́мя(이름)와 сéмя(씨앗)도 마찬가지입니다.

➡ 불규칙 변화 명사 178쪽

② 원래는 Желáю тебé удáчи!입니다. желáть는 '축원하다', '바라다'라는 의미로, 여격(사람)과 생격(바라는 것)을 지배하는 동사입니다. 회화체에서는 желáть가 종종 생략됩니다.

желáть+комý(여격)+чегó(생격)

예) Я желáю тебé здорóвья и счáстья.
나는 너에게 건강과 행복을 바란다.

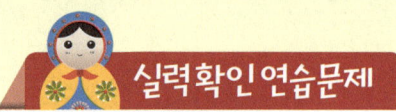

실력확인연습문제

1 빈칸에 들어갈 알맞은 말을 적으세요.

1 Магази́н _____ (начина́ть/нача́ть) рабо́тать в 9 часо́в.

가게는 9시에 일을 시작합니다.

2 Де́ти всегда́ _____ (встава́ть/встать) ра́но.

아이들은 항상 일찍 일어납니다.

3 Мы уже́ _____ (приглаша́ть/пригласи́ть) их.

우리는 이미 그들을 초대했습니다.

2 주어진 동사의 상을 알맞게 사용하여 문장을 완성하세요.

1 [расска́зывать - рассказа́ть]

За́втра я обяза́тельно _____ ему́.

내일 내가 그에게 꼭 얘기할 겁니다.

О́льга весь день _____ о вечери́нке.

올가가 하루 종일 파티에 애해 이야기합니다.

2 [покупа́ть - купи́ть]

Обы́чно ма́ма _____ молоко́ там.

엄마는 보통 저기서 우유를 삽니다.

Она́ наконе́ц _____ то краси́вое пальто́.

마침내 그녀는 그 예쁜 코트를 샀습니다.

정답 **1** 1. начина́ет 2. встаю́т 3. пригласи́ли **2** 1. расскажу́, расска́зывает 2. покупа́ет, купи́ла

문화엿보기

러시아인의 주식 – 감자

감자는 러시아인들에게 '두 번째 빵'이라고 불릴 정도로 식탁에서 늘 빠지지 않는 음식입니다. 표트르 대제가 처음 유럽에서 감자를 들여왔는데요, 시민들은 처음 외국에서 들여온 식물이 두려워 먹지 않거나 감자를 먹는 법을 몰라 생으로 먹기도 하고 열매가 아닌 잎을 먹기도 해서 독 성분으로 곤욕을 치렀다고 합니다. 하지만 감자는 겨울이 긴 러시아 땅에서 아주 잘 자랐고 흉년이 들 때에도 감자만큼은 늘 풍년이었다고 합니다. 또한 영양분이 풍부하다고 알려지면서 감자는 현재까지 러시아인들의 주식으로 자리 잡았습니다.

러시아어로 감자를 뜻하는 단어 картóфель은 그 어원이 독일어 Kartoffel에 있습니다. Kartoffel에서 더 거슬러 올라가면 그 어원은 라틴어 terrae tūber인데요, 이를 직역하면 '땅의 덩이줄기'라는 뜻입니다.

День 13

Мы лю́бим друг дру́га.
우리는 서로를 사랑합니다.

월   일

MP3와 강의를 들어 보세요

공부 순서: 동영상 강의 → 본책 → 복습용 동영상 → 단어장 → 단어 암기 동영상

핵심 문장 익히기

🎧 MP3 13-01 들어 보기   🎤 MP3 13-02 회화 훈련

1

Я ду́маю, что сего́дня бу́дет дождь.
제 생각에 오늘 비가 올 것 같습니다.

★ 복문 만들기

러시아어에서는 의문사가 접속사의 역할을 하여 두 개의 문장을 잇는 방식으로 복문이 만들어집니다. 이때 의문사는 문장에서 말하고자 하는 바에 따라 다르게 선택해서 쓰며, 의문사 앞에는 늘 쉼표를 붙여 줍니다.

주절 , 의문사 + 종속절

что: 무엇을 ~하는지를, ~한다는 것을
- 예) Я зна́ю. Он чита́ет (что?) кни́гу. 저는 압니다. 그가 책을 읽고 있습니다.
  - → Я зна́ю, что он чита́ет. 저는 그가 무엇을 읽는지 압니다.
  - Я зна́ю (что?). Он чита́ет кни́гу. 그가 책을 읽고 있습니다.
  - → Я зна́ю, что он чита́ет кни́гу. 저는 그가 책을 읽고 있다는 것을 알고 있습니다.
  - ※실제 발화 시 억양의 차이로 뜻을 구별할 수 있습니다.

как: 어떻게 ~하는지를
- 예) Я зна́ю. Он (как?) хорошо́ поёт. 저는 압니다. 그는 노래를 잘 부릅니다.
  - → Я зна́ю, как он поёт. 저는 그가 노래를 어떻게 부르는지 압니다.

когда́: 언제 ~하는지를, ~할 때
- 예) Я зна́ю. Он (когда́?) ско́ро вста́нет. 저는 압니다. 그는 곧 일어날 겁니다.
  - → Я зна́ю, когда́ он вста́нет. 저는 그가 언제 일어날지 압니다.
  - Он пел (когда́?). Я лежа́л на крова́ти. 그는 노래했습니다. 저는 침대에 누워 있었습니다.
  - → Он пел, когда́ я лежа́л на крова́ти. 제가 침대에 누워 있을 때 그는 노래했습니다.

где: 어디서 ~하는지를
- 예) Я зна́ю. Он чита́ет (где?) в ко́мнате. 저는 압니다. 그는 지금 방에서 읽고 있습니다.
  - → Я зна́ю, где он чита́ет. 저는 그가 어디에서 읽고 있는지 압니다.

➡ когда́와 상 184쪽

🐻 왕초보 탈출 팁

поэ́тому(그러므로), потому́ что(왜냐하면) 등이 들어간 문장 또한 복문에 속합니다. 또한 옆에서 제시한 의문사 외에 кто(누가 ~하는지), почему́(왜 ~하는지) 등 다양한 의문사를 활용하여 복문을 만들 수 있습니다.

🏛 단어

- дождь 비
- хорошо́ 잘
- петь 노래하다
- ско́ро 곧
- встать 일어나다
- лежа́ть 누워 있다
- крова́ть 침대
- ко́мната 방
- узна́ть 알아내다, 알아보다
- у́жинать 저녁을 먹다

공부한 내용을 확인해 보세요!

❶ Я не зна́ю, _____ он сейча́с. 저는 그가 지금 어디에 있는지 모릅니다.

❷ Я узна́л, _____ он у́жинает. 저는 그가 언제 저녁을 먹는지 알아냈습니다.

정답
① где ② когда́

🎧 MP3 13-03 들어 보기　🎤 MP3 13-04 회화 훈련

2

У меня́ боли́т голова́.

저는 머리가 아픕니다.

★ боле́ть : 아프다

'아프다'라는 뜻의 боле́ть는 다양한 용법을 가지고 있으며, боле́ть의 완료상인 заболе́ть도 동일한 쓰임새를 가집니다.

1. 주격+боле́ть+조격

사람이 아프다는 의미로 사용될 때에는 동사 1식 변화를 따릅니다. 아픈 원인이나 병명은 조격을 써 줍니다.

я	боле́ю	мы	боле́ем
ты	боле́ешь	вы	боле́ете
он/она́	боле́ет	они́	боле́ют

예 О́льги нет в шко́ле, потому́ что она́ боле́ет.
올가는 아프기 때문에 학교에 없습니다.

Она́ до́лго боле́ла анги́ной.
그녀는 후두염을 오래 앓았습니다.

2. у+생격+боле́ть+주격

직역하면 '~에게 …가 아프다'라는 뜻입니다. 아픈 사람은 'у+생격'으로, 아픈 부위는 주격으로 씁니다. 이때 아픈 부위가 단수라면 боли́т, 복수라면 боля́т을 씁니다. 현재시제에서는 불규칙 변화형을 쓰지만 과거시제에서는 규칙적으로 변화합니다.

예 У меня́ боли́т живо́т.
저는 배가 아픕니다.

Он ужа́сно поёт! У меня́ голова́ заболе́ла.
그는 노래를 끔찍하게 못 부르네요! 머리가 아프기 시작했습니다.

 공부한 내용을 확인해 보세요!

❶ Она́ _____ всю зи́му.　그녀는 겨울 내내 아팠습니다.

❷ У студе́нта _____ голова́.　학생은 머리가 아픕니다.

 왕초보 탈출 팁

'боле́ть+за+대격'은 '~를 응원하다'라는 의미를 가지고 있습니다. 이때 боле́ть는 규칙 변화를 따릅니다.

예 Па́па боле́ет за футбо́льную кома́нду.
아빠는 축구팀을 응원합니다.

 단어

голова́ 머리
шко́ла 학교
до́лго 오랫동안
анги́на 후두염
живо́т 배
ужа́сно 끔찍하게
футбо́льный 축구의
кома́нда 팀

 정답

① боле́ла　② боли́т

День 13 Мы лю́бим друг дру́га. **135**

핵심 문장 익히기

🎧 MP3 13-05 들어 보기   🎤 MP3 13-06 회화 훈련

3

Ме́неджер до́лжен мно́го рабо́тать.

매니저는 일을 많이 해야 합니다.

⭐ до́лжен : ~해야 한다

뜻은 '~해야 한다'로 영어의 must, have to와 유사합니다. до́лжен의 어미는 주어의 성, 수와 일치해야 합니다. 과거, 미래시제에서는 동사 быть가 함께 사용됩니다.

주격 (행동의 주체)	до́лжен должна́ должно́ должны́	(과거) быть 과거형 (현재) - (미래) быть 미래형	동사원형 (해야 하는 행동)

예) Она́ должна́ сего́дня зако́нчить прое́кт. 그녀는 오늘 프로젝트를 끝내야 합니다.
　 Мы должны́ бы́ли игра́ть в спекта́кле. 우리는 연극에서 연기를 해야 했습니다.

⭐ должно́ быть : 아마도/분명히 ~일 것이다

강한 추측을 나타내는 영어의 must be ~, probably와 유사하며, 말하는 사람의 추측이나 예상을 나타내는 부사입니다. 보통 문장 중간 또는 앞 부분에 위치하여 쉼표로 구분합니다.

1. 주어 + , должно́ быть , + 동사

예) Он, должно́ быть, забы́л позвони́ть мне. 아마 그는 나한테 전화하는 걸 잊었을 거야.

2. Должно́ быть , + 주어 + 동사

예) Должно́ быть, перево́дчик ушёл домо́й. 아마 통역사는 집에 갔을 거야.

🧸 공부한 내용을 확인해 보세요!

❶ Анто́н _____ найти́ рабо́ту. 안톤은 직장을 찾아야 합니다.

❷ _____ быть, она́ говори́ла пра́вду.
　 아마 그녀는 진실을 말했을 겁니다.

👶 왕초보 탈출 팁

должно́ быть는 강한 추측(90%), наве́рное는 일반적인 추측(70%), возмо́жно는 약한 가능성(50%)을 나타냅니다.

должно́ быть	논리적 추론, 설명
наве́рное	일상 대화
возмо́жно	겸손하거나 불확실할 때

예) Он, должно́ быть, уста́л.
　 그는 아마 피곤했을 거야.

　 Он, наве́рное, уста́л.
　 그는 아마 피곤할 거야.

　 Возмо́жно, он уста́л.
　 어쩌면 그는 피곤했을지도 몰라.

🏛 단어

ме́неджер 매니저
мно́го 많이
рабо́тать 일하다
зако́нчить 끝내다
прое́кт 프로젝트
игра́ть 연기하다
спекта́кль 연극
позвони́ть 전화하다
перево́дчик 통역사
пра́вда 진실
уста́ть 피곤하다

정답

① до́лжен   ② должно́

4

Мы всегда помогаем друг другу.
우리는 늘 서로를 도와줍니다.

🎧 MP3 13-07 들어 보기   🎤 MP3 13-08 회화 훈련

★ друг друга

'서로서로'라는 의미로 사용됩니다. 앞에 쓰인 друг의 어미는 변화하지 않으며, 뒤의 друг은 맥락에 맞는 격의 어미를 써야 합니다. 전치사와 함께 쓰이는 경우엔 두 단어 사이에 전치사를 넣어 줍니다. 주격은 존재하지 않습니다.

생격	друг друг**а**
여격	друг друг**у**
대격	друг друг**а**
조격	друг друг**ом**
전치격	друг **о** друг**е**

예 Мы работаем друг для друга. 우리는 서로를 위해 일합니다.
Мы дарим подарки друг другу. 우리는 서로에게 선물을 줍니다.
Мы знаем друг друга. 우리는 서로를 압니다.
Мы гордимся друг другом. 우리는 서로를 자랑스러워 합니다.
Мы думаем друг о друге. 우리는 서로에 대해 생각합니다.

왕초보 탈출 팁

друг друга는 사람 말고 사물에 대해서도 쓰일 수 있습니다. 하지만 друг이라는 단어 자체가 '친구'라는 뜻을 가지고 있는 활성 명사이기 때문에, 대격 어미는 원래 뜻에 맞춰서 생격으로 변화해야 합니다.

예 Ваши идеи дополняют друг друга. 당신들의 아이디어는 서로를 보완해 줍니다.

공부한 내용을 확인해 보세요!

① Мы давно не видели друг друг____.
우리는 서로 안 본 지 오래되었습니다.

② Они обычно разговаривают друг с друг____.
그들은 보통 서로 대화합니다.

단어

помогать 도움을 주다
для ~을 위해서
дарить 선물하다
гордиться 자랑스러워하다
думать 생각하다
идея 아이디어, 생각
дополнять 보충하다, 추가하다
давно 오랫동안, 오래전에
видеть 보다
обычно 보통
разговаривать 대화하다

정답

① -а ② -ом

День 13 Мы любим друг друга.

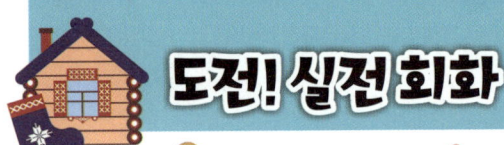

도전! 실전 회화

🎧 MP3 13-09 들어 보기   🎤 MP3 13-10 회화 훈련

 Антон: Марина, почему тебя не было❶ вчера в университете?

 Марина: Я болела.

 **Антон**: Какой ужас!❷ Что случилось?❸

 Марина: У меня очень сильно болела голова.

 **Антон**: Я думаю, что ты должна ложиться спать рано.

 **Марина**: Я тоже так думаю.

단어

почему 왜	университет 대학교	болеть 아프다
ужас 끔찍한 일	случиться (어떠한 일이) 일어나다	очень 매우, 아주
сильно 심하게, 세게	голова 머리	думать 생각하다
должен ~해야 한다	ложиться спать 잠자리에 들다	рано 일찍
тоже 역시, 또한	так 그렇게	

안톤	마리나, 왜 어제 학교에 안 왔어?
마리나	나 아팠어.
안톤	세상에! 무슨 일 있었어?
마리나	머리가 너무 아팠어.
안톤	나는 네가 잠을 일찍 자야 한다고 생각해.
마리나	나도 그렇게 생각해.

 회화 Tip

❶ '왜 안 왔어?'라고 의역했지만 직역은 '왜 없었어?'입니다. '없었다'라고 말하려면 не́ было라고 하면 되고, 주어가 없는 구문이므로 없는 대상은 생격으로 변화시킵니다.

🔸 Его́ не́ было до́ма. 그는 집에 없었다.

➔ 부재의 нет 65쪽

❷ 감탄사는 'как+부사' 또는 'како́й+형용사'로 표현됩니다. 단, како́й와 형용사는 감탄하는 대상의 성, 수에 형태를 일치시켜야 합니다.

🔸 Как ужа́сно! 정말 끔찍하다!

Ты купи́ла но́вое пла́тье?
Како́е краси́вое!
너 새로운 원피스 샀어? 너무 예쁘다!

❸ Что случи́лось?는 '무슨 일 있었어?'라는 뜻으로, 일상 회화에서 자주 사용되는 표현입니다.

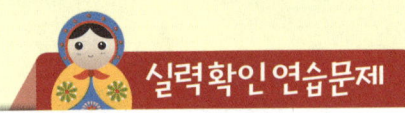

실력확인 연습문제

1 что, как, где 중 빈칸에 들어갈 알맞은 말을 적으세요.

1 Я не зна́ю, _____ отдыха́ет Мари́на.

나는 마리나가 어디에서 쉬는지 모릅니다.

2 Ма́ма слу́шает, _____ поёт дочь.

엄마는 딸이 노래 부르는 것을 듣고 있습니다.

3 Я ду́маю, _____ за́втра бу́дет дождь.

내 생각에 내일 비가 올 것 같습니다.

2 괄호 안의 단어를 알맞은 어미를 사용하여 적으세요.

1 Он боле́ет _____ (анги́на).

그는 후두염을 앓고 있습니다.

2 _____ (я) боли́т живо́т.

저는 배가 아픕니다.

3 А́нна боле́ет за _____ (на́ша кома́нда).

안나는 우리 팀을 응원합니다.

3 друг дру́га를 사용하여 빈칸에 들어갈 알맞은 말을 적으세요.

1 Они́ помога́ют _____.

그들은 서로에게 도움을 줍니다.

2 Мы ку́пим пода́рки _____.

우리는 서로를 위해 선물을 삽니다.

정답
1 1. где 2. как 3. что
2 1. анги́ной 2. У меня́ 3. на́шу кома́нду
3 1. друг дру́гу 2. друг для дру́га

러시아 최고의 명문대

모스크바대학은 러시아 최고의 명문대입니다. 정식 명칭은 '로모노소프 모스크바 국립대학교(МГУ: Моско́вский Госуда́рственный Университе́т и́мени М. В. Ломоно́сова)'로, 로모노소프 학자의 제안을 받아들여 예카테리나 여왕 시절 설립되었습니다. 250여 년의 역사와 전통을 자랑하며, 11명의 노벨상 수상자를 배출해 낸 명문입니다. 원래는 크렘린 앞에 위치해 있었는데, 1953년에 현재의 참새언덕으로 본관이 이전되었습니다. 이 본관은 소련 시절에 지어진 건물로, 스탈린의 7자매 건물 중 하나이며 탑 꼭대기에는 무려 12톤 무게의 별이 달려 있습니다. 이 건물은 첨탑 높이만 무려 57미터인 데다가 5천 개가 넘는 방이 있으며 복도의 길이는 33km에 다다릅니다.

모스크바대 본관 건물과 관련해서 재미있는 설이 하나 있습니다. 이렇게 무거운 건물이 수맥 위에 지어졌는데, 건물에 무리가 가지 않게 하기 위하여 1년에 약 1cm씩 이동을 한다고 합니다. 물 위에 떠 있는 건물이라고 할 수 있지요.

День 14

Я иду́ в больни́цу.

저는 병원에 갑니다.

___월 ___일

MP3와 강의를 들어 보세요

핵심 문장 익히기

🎧 MP3 14-01 들어 보기 🎤 MP3 14-02 회화 훈련

1

Сего́дня я иду́ на ры́нок.

저는 오늘 시장에 갑니다.

★ 장소와 방향을 나타내는 의문사

방향을 묻는 의문사 куда́는 '어디로'라는 뜻으로 도착 지점을 가리키고, отку́да는 '어디로부터'라는 뜻으로 출발 지점을 가리킵니다. '어디에', '어디에서'라는 뜻의 의문사 где는 куда́나 отку́да 같이 방향을 묻는 것이 아니라 장소, 위치를 묻는 표현입니다. 이 의문사들을 활용한 질문에 대답할 때는 장소를 뜻하는 단어에 따라 알맞은 전치사와 격을 사용해야 합니다.

의문사	장소	사람
куда́? 어디로	в/на + 대격 ~로	к + 여격 ~에게로
отку́да? 어디로부터	из/с + 생격 ~로부터	от + 생격 ~에게서
где? 어디에, 어디에서	в/на + 전치격 ~에	у + 생격 ~의 집에

📝 А: Андре́й, куда́ ты идёшь? 안드레이, 어디 가?
　Б: Я иду́ на учёбу. 나는 수업에 가고 있어.

　А: Приве́т! Отку́да ты идёшь? 안녕! 어디로부터 오는 길이야?
　Б: Я иду́ из до́ма! 집에서 오는 중이야!

　А: Где ты был вчера́? 어제 어디에 있었어?
　Б: Вчера́ я был у Андре́я. 어제 안드레이네 있었어.

 왕초보 탈출 팁

전치사 из/с의 용법은 в/на와 같습니다. куда́와 где 질문에 대답할 때 전치사 в를 붙여서 대답하는 명사라면 отку́да에서는 из를, на를 붙여 대답한다면 с를 사용합니다.

📝 в магази́н(е)
　→ из магази́на
　на рабо́ту/е
　→ с рабо́ты

단어

идти́ 가다
ры́нок 시장
учёба 수업, 공부
дом 집
магази́н 가게, 상점
рабо́та 일, 직장
университе́т 대학교

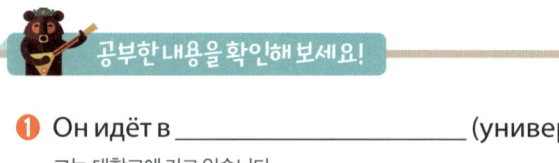
공부한 내용을 확인해 보세요!

❶ Он идёт в _____ (университе́т).
그는 대학교에 가고 있습니다.

❷ Мы идём с _____ (учёба).
우리는 수업에서 오는 중입니다.

정답
① университе́т ② учёбы

2

Oná чáсто éздит в теáтр.
그녀는 극장에 자주 다닙니다.

🎧 MP3 14-03 들어 보기　🎤 MP3 14-04 회화 훈련

★ 운동동사

러시아어에는 '오다', '가다'를 표현하는 동사가 세분화되어 있는데 이 동사들을 통틀어 운동동사라고 부릅니다. 알맞은 운동동사를 선택하기 위해서는 우선 걸어가는지 아니면 무언가를 타고 가는지에 따라 첫 번째 분류를 해야 합니다. 첫 번째 분류가 끝나면 편도 또는 일회성으로 가는 것인지, 왕복 또는 반복적으로 다니는 것인지에 따라서 두 번째 분류를 해야 합니다.

	편도, 일회성	왕복, 반복성
걸어서 이동	идти́ – пойти́ 예) Куда́ ты идёшь? 너 어디 가니? Я до́лго шла в шко́лу. 저는 학교 가는 데 오래 걸렸습니다.	ходи́ть – походи́ть 예) Мы ча́сто хо́дим в рестора́н. 우리는 레스토랑에 자주 다닙니다. Я люблю́ ходи́ть по у́лице. 저는 거리를 걷는 것을 좋아합니다.
무언가 타고 이동	éхать – поéхать 예) Мне на́до éхать в больни́цу. 저는 병원에 가야 합니다. Я поéду в Но́вгород. 저는 노브고로드에 갈 것입니다.	éздить – поéздить 예) Он ка́ждую суббо́ту éздит на да́чу. 그는 토요일마다 다차에 갑니다. Я люблю́ éздить на маши́не. 저는 자동차를 타고 다니는 것을 좋아합니다.

➜ 불규칙 동사 변화(운동동사) 185쪽

★ 운동동사의 상과 시제

운동동사는 과거, 현재, 미래시제의 용법이 일반동사의 상과는 차이가 있습니다. 그 이유는 идти́(가다)가 불완료상으로 진행이나 과정을 의미하기 때문입니다. 예를 들어 я бу́ду идти́는 '나는 가고 있을 것이다'라는 의미가 됩니다.

	현재	과거	미래
идти́	Я иду́ в парк. 저는 공원에 갑니다.	Я ходи́л в парк. 저는 공원에 다녀왔습니다.	Я пойду́ в парк. 저는 공원에 갈 겁니다.
éхать	Я éду в парк. 저는 공원에 갑니다.	Я éздил в парк. 저는 공원에 다녀왔습니다.	Я поéду в парк. 저는 공원에 갈 겁니다.

왕초보 탈출 팁

만약 '갔다'라는 의미를 표현하기 위해서 идти́의 과거형인 шёл을 사용한다면 의미가 약간 달라져서 '가고 있었다'라는 뉘앙스가 됩니다. 즉 영어의 진행형과 유사한 의미를 갖는다고 할 수 있습니다. 이는 미래시제에서도 마찬가지입니다.

예) Я шёл в парк.
저는 공원에 가는 중이었습니다.
(I was going to the park.)

Я бу́ду идти́ в парк.
저는 공원에 가고 있을 겁니다.
(I will be going to the park.)

단어

ча́сто 자주, 종종
теа́тр 극장
до́лго 오랫동안
шко́ла 학교
рестора́н 레스토랑
люби́ть 좋아하다
по ~을 따라
у́лица 거리
больни́ца 병원
ка́ждый 매, ~마다
суббо́та 토요일
да́ча 다차, 별장
маши́на 자동차
парк 공원

핵심 문장 익히기

🎧 MP3 14-05 들어 보기   🎤 MP3 14-06 회화 훈련

3

Лéна приéхала из Корéи.
레나는 한국에서 왔습니다.

⭐ **접두사가 붙은 운동동사**

운동동사 앞에 접두사가 붙으면 접두사에 따라 의미가 달라집니다. 또한 접두사가 붙은 идти́와 éхать는 모두 완료상이 되고, 이 동사들의 불완료상 쌍은 각각 ходи́ть와 éздить에 접두사를 붙인 형태입니다. 또한 접두사를 붙일 때 발음의 편이를 위하여 접두사와 운동동사 사이에 -о-나 -ъ-를 삽입하기도 합니다.

접두사	표상	의미	идти́	éхать
при-		도착하다	прийти́	приéхать
у-		떠나다	уйти́	уéхать
в-		들어가다	войти́	въéхать
вы-		나가다	вы́йти	вы́ехать
под-		다가가다	подойти́	подъéхать
от-		떨어지다	отойти́	отъéхать
за-		들르다	зайти́	заéхать

예) Извини́те, мо́жно войти́ в ко́мнату? 실례합니다. 방에 들어가도 될까요?
Маши́на вы́ехала с парко́вки. 자동차가 주차장에서 나갔습니다.
Отойди́ от плиты́, э́то опа́сно! 가스레인지에서 떨어져, 위험해!
Мне на́до зайти́ в магази́н ненадо́лго. 저는 잠깐 가게에 들러야 합니다.

→ 불규칙 동사 변화(운동동사) 185쪽

 공부한 내용을 확인해 보세요!

❶ Врач ско́ро _____ (прийти́/уйти́). 의사가 곧 올 겁니다.

❷ Ме́неджер _____ (вы́йти/войти́) ненадо́лго.
매니저는 잠깐 나갔습니다.

 왕초보 탈출 팁

идти́는 접두사가 붙으면 원형이 -йти́로 바뀝니다. 또한 éздить 앞에 접두사가 붙으면 -езжа́ть로 형태가 바뀝니다.

예) Мо́жно войти́?
들어가도 되나요?

Заезжа́й ко мне.
나한테 들러.

 왕초보 탈출 팁

접두사 пере-가 붙으면 보통 '건너다'라는 뜻이 됩니다. 그런데 переéхать는 '이사하다'라는 의미로도 쓰입니다.

예) Я переéхала в но́вую кварти́ру.
저는 새로운 아파트로 이사했습니다.

 단어

мо́жно ~해도 된다
парко́вка 주차장
плита́ 가스레인지, 판
опа́сно 위험하다
на́до ~해야 한다
ненадо́лго 잠깐
кварти́ра 아파트

 정답
① придёт ② вы́шел

4

Спе́реди е́дет маши́на.
앞에서 차가 옵니다.

★ 장소와 관련된 부사

1. 여기, 저기

где?	здесь 여기에	там 저기에
отку́да?	отсю́да 여기서부터	отту́да 저기서부터
куда́?	сюда́ 여기로	туда́ 저기로

예 **Выходи́те** отсю́да. 여기서 나가세요.
　Иди́ сюда́. 이리 와.

2. 방향

	오른쪽	왼쪽	앞	뒤	위	아래
где?	спра́ва 오른쪽에	сле́ва 왼쪽에	впереди́ 앞에	сза́ди 뒤에	наверху́ 위에	внизу́ 아래에
отку́да?	спра́ва 오른쪽으로부터	сле́ва 왼쪽으로부터	спе́реди 앞으로부터	сза́ди 뒤로부터	све́рху 위로부터	сни́зу 아래로부터
куда́?	напра́во 오른쪽으로	нале́во 왼쪽으로	вперёд 앞으로	наза́д 뒤로	наве́рх 위로	вниз 아래로

예 **Впереди́** стои́т огро́мное де́рево. 앞에 거대한 나무가 서 있습니다.
　Вода́ течёт све́рху вниз. 물은 위에서 아래로 흐릅니다.

3. 집

где?	до́ма 집에
отку́да?	из до́ма 집으로부터
куда́?	домо́й 집으로

예 У меня́ до́ма есть ко́шка. 저는 집에 고양이가 있습니다.
　Я хочу́ идти́ домо́й. 저 집에 가고 싶어요.

왕초보 탈출 팁

до́ма, домо́й 말고 в до́ме, в дом이라고 표현할 수도 있습니다. 다만 이때에는 집이 나만의 보금자리가 아닌 건물이라는 점에 더 중점이 있습니다.

예 Я люблю́ отдыха́ть до́ма. 저는 집에서 쉬는 걸 좋아합니다.
　Моя́ ба́бушка живёт в кра́сном до́ме. 저희 할머니는 빨간 집에 살고 계십니다.

단어

стоя́ть 서 있다
огро́мный 거대한
де́рево 나무
вода́ 물
течь 흐르다
ко́шка 고양이
хоте́ть 원하다
ба́бушка 할머니
жить 살다
кра́сный 빨간색

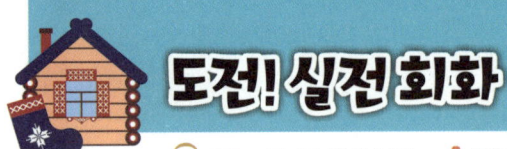

도전! 실전 회화

🎧 MP3 14-09 들어 보기   🎤 MP3 14-10 회화 훈련

Антон Мари́на, каки́е у тебя́ пла́ны сего́дня?

Марина Я пойду́ в го́сти к друзья́м❶, но не зна́ю что наде́ть.

Антон Дава́й я тебе́ помогу́ вы́брать.

Марина Посмотри́, пожа́луйста, мне идёт чёрное пла́тье?❷

Антон Непло́хо. Тебе́ идёт.

단어

план 계획	гость 손님 (남)	друг 친구
наде́ть (옷을)입다 (완)	помо́чь 도움을 주다 (완)	вы́брать 고르다 (완)
посмотре́ть 보다 (완)	чёрный 검은색	пла́тье 원피스
непло́хо 나쁘지 않다		

안톤	마리나, 오늘 계획이 어떻게 돼?
마리나	오늘 친구네 놀러 갈 건데, 무엇을 입어야 할지 모르겠어.
안톤	내가 고르는 거 도와줄게.
마리나	좀 봐 줘. 나한테 검은색 원피스가 어울리니?
안톤	나쁘지 않은데. 너한테 어울려.

 **회화 Tip**

❶ '손님으로 초대받았다', '~네 집에 놀러 간다'라는 말을 할 때에는 гость라는 단어가 사용됩니다. 이 표현에서 гость는 언제나 복수형으로 쓰인다는 점에 유의하세요.

예) A: Ты где? 너 어디야?
　　Б: Я в гостя́х у друзе́й. 친구네 놀러 왔어.

　　A: Ты куда́? 너 어디 가?
　　Б: Я иду́ в го́сти к друзья́м. 친구네 놀러 가.

❷ '~이 …에게 어울리다'라고 말하고 싶다면 идти́를 활용하여 다음과 같이 표현하면 됩니다.

кому́(여격)+идёт/иду́т+что(주격)

예) А́нне иду́т э́ти джи́нсы.
안나에게 이 청바지가 잘 어울려.

Тебе́ идёт э́то пла́тье.
너에게 이 원피스가 잘 어울려.

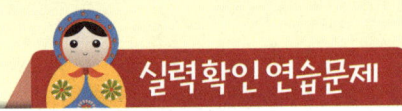

실력확인연습문제

1 괄호 안의 단어를 사용하여 빈칸을 채우세요.

1. Я прие́хала (из/с) _____ (Коре́я).

   저는 한국에서 왔습니다.

2. Она́ сейча́с е́дет (из/с) _____ (рабо́та).

   그녀는 지금 일하는 곳에서 오는 중입니다.

3. Студе́нты лю́бят ходи́ть (в/на) _____ (кинотеа́тр).

   학생들은 영화관에 다니는 걸 좋아합니다.

4. Ле́том я пое́ду (к/в) _____ (ба́бушка).

   여름에 저는 할머니한테 갑니다.

2 идти́와 알맞은 접두사를 사용해 빈칸을 채우세요.

1. Он _____ из ко́мнаты.

   그가 방에서 나갔습니다.

2. Па́па ско́ро _____ домо́й.

   아빠가 곧 집에 도착합니다.

3. За́втра мне на́до _____ в магази́н.

   저는 내일 가게에 들러야 합니다.

4. Учи́тель _____ к ученику́.

   선생님이 학생에게 다가갔습니다.

정답
1 1. из Коре́и 2. с рабо́ты 3. в кинотеа́тр 4. к ба́бушке
2 1. вы́шел 2. придёт 3. зайти́ 4. подошёл

 문화엿보기

눈 치우는 '장모님 손'

러시아는 겨울이 유독 길고 춥기로 유명합니다. 첫눈은 9월에, 마지막 눈은 5월에 내릴 정도입니다. 눈 때문에 생기는 교통 체증을 줄이기 위해 겨울철에는 밤낮으로 제설 작업이 진행됩니다. 눈이 워낙 많이 오기 때문에 사람의 힘으로 치우는 것은 불가능하고 트럭과 제설 장비를 사용하는데요. 이 기계를 사람들은 '장모님 손(тёщины рýки)'이라고 부르기도 합니다. 러시아는 한국과 달리 모계사회로 장모님을 모시는 풍습이 있습니다. 때문에 한국의 고부 갈등이 러시아에서는 사위와 장모 사이에서 생기게 되지요. 이 기계가 마치 장모님처럼 쉬지 않고 눈을 쓸어 담는다고 해서 이러한 이름이 붙었습니다.

러시아어에는 이렇게 사물을 의인화해서 부르는 경우가 많은데요, 또 다른 재밌는 명칭은 바로 '과속 방지 턱'입니다. 러시아에서는 과속 방지 턱을 '누워 있는 교통경찰(лежáчий полицéйский)'이라고 부릅니다.

День 15

Я читáю кнúгу бóльше, чем Áнна.

제가 안나보다 책을 많이 읽습니다.

월   일

MP3와 강의를 들어 보세요

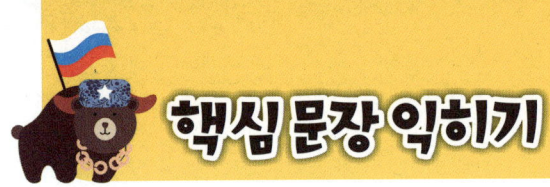

핵심 문장 익히기

🎧 MP3 15-01 들어 보기　🎙 MP3 15-02 회화 훈련

1

Э́тот фильм бо́лее интере́сный, чем тот.
이 영화가 저 영화보다 더 재미있습니다.

★ 비교급

~ бо́лее + 형용사/부사, чем …	~이 …보다 더
~ ме́нее + 형용사/부사, чем …	~이 …보다 덜

예) Я расска́зываю бо́лее интере́сно, чем ты.　내가 너보다 더 재미있게 이야기한다.
　　Моя́ кни́га ме́нее ста́рая, чем твоя́.　내 책이 네 것보다 덜 낡았다.

★ 비교급 예외

아래 단어들은 비교급을 나타내는 별도의 어휘가 있습니다.

원형	비교급
хорошо́ 좋다 хоро́ший 좋은	лу́чше 더 좋은, 더 좋다
пло́хо 나쁘다 плохо́й 나쁜	ху́же 더 나쁜, 더 나쁘다
мно́го 많다 большо́й 큰	бо́льше 더 많은, 더 많다, 더 큰, 더 크다
ма́ло 적다 ма́ленький 작은	ме́ньше 더 적은, 더 적다, 더 작은, 더 작다

예) Здесь люде́й бо́льше, чем там.　여기에 저기보다 사람들이 더 많습니다.

공부한 내용을 확인해 보세요!

❶ Сего́дня пого́да _____ (хоро́ший), чем вчера́.
　오늘 날씨는 어제보다 좋습니다.

❷ Она́ поёт _____ (пло́хо), чем я.
　그녀는 나보다 노래를 못 부릅니다.

 지시형용사 тот

'저 ~'라는 뜻의 지시형용사 тот은 э́тот(이 ~)과 마찬가지로 뒤에 오는 명사의 성, 수와 일치시켜야 합니다.

남성	тот
여성	та
중성	то
복수	те

예) Э́та певи́ца поёт бо́лее гро́мко, чем та.
　이 여가수가 저 여가수보다 더 크게 노래를 부릅니다.

 단어

фильм 영화
интере́сный 재미있는
расска́зывать 말하다, 이야기하다
кни́га 책
ста́рый 오래된, 낡은, 늙은
там 저기, 저기에
певи́ца 여가수
гро́мко 큰 소리로
пого́да 날씨

 정답

① лу́чше　② ху́же

2

🎧 MP3 15-03 들어 보기   🎤 MP3 15-04 회화 훈련

Э́тот торт вкусне́е, чем тот.
이 케이크가 저것보다 더 맛있습니다.

⭐ 비교급 어미 변화

앞에 бо́лее, ме́нее를 붙이는 대신 형용사 또는 부사의 어미를 변화시켜서 비교급을 만들 수도 있습니다.

> интере́сный + -ее, чем ~
> интере́сно + -ее, чем ~   →   интере́снее, чем ~

예) Э́тот фильм интере́снее, чем тот. 이 영화가 저것보다 더 재미있습니다.
    Её ла́мпа светле́е, чем его́. 그녀의 램프는 그의 것보다 더 밝습니다.

➡ 비교급 어미 변화 예외 185쪽

⭐ 비교 대상: чем/생격

두 가지를 비교할 때 чем을 붙이는 대신 뒤의 단어를 생격으로 바꾸어 표현할 수도 있습니다.

예) Я чита́ю кни́гу бо́льше, чем А́нна. 내가 안나보다 책을 많이 읽습니다.
  = Я чита́ю кни́гу бо́льше А́нны. 내가 안나보다 책을 많이 읽습니다.

 왕초보 탈출 팁

비교 대상을 생격으로 바꾸면서 чем이 빠집니다. 이때 쉼표도 함께 생략됩니다.

 단어

торт 케이크
вку́сный 맛있는
ла́мпа 램프
све́тлый 밝은
вы́учить 암기하다 ②
сло́во 단어
бы́стро 빠르게

 공부한 내용을 확인해 보세요!

❶ Я вы́учила слова́ _____ (бы́стро), чем он.
   나는 그보다 단어를 더 빨리 암기했습니다.

❷ Он поёт лу́чше _____ (я).
   그는 나보다 노래를 잘 부릅니다.

 정답

①быстре́е ②меня́

핵심 문장 익히기

🎧 MP3 15-05 들어 보기   🎤 MP3 15-06 회화 훈련

3

Это са́мый вку́сный торт.
이것은 가장 맛있는 케이크입니다.

★ 동급 비교

어떠한 성질이 동등한 두 대상을 비교할 때에는 다음과 같이 표현합니다.

	형용사 비교급	부사 비교급
남성	тако́й же ~, как …	так же ~, как …
여성	така́я же ~, как …	
중성	тако́е же ~, как …	
복수	таки́е же ~, как …	

예) Его́ чемода́н тако́й же тяжёлый, как мой.
그의 여행 가방은 내 것만큼 무겁습니다.

Э́тот челове́к рабо́тает та́кже усе́рдно, как тот.
이 사람은 저 사람만큼 열심히 일합니다.

★ 최상급 만들기

1. 제일 ~한

형용사를 최상급으로 만들어 주는 са́мый는 뒤에 오는 명사에 성, 수, 격을 일치시켜야 합니다.

예) Здесь продаю́т са́мый большо́й шокола́д.
여기에서는 제일 큰 초콜릿을 팝니다.

Сего́дня я встре́тила са́мого у́много челове́ка.
오늘 나는 제일 똑똑한 사람을 만났습니다.

2. 제일 ~하게

부사를 최상급으로 만드는 방법은 비교급과 동일합니다. 이때 비교 대상이 사람일 경우 뒤에 всех를, 사물일 경우엔 всего́를 써 줍니다.

예) В кла́ссе Анто́н у́чится лу́чше всех.
반에서 안톤이 공부를 제일 잘합니다.

Мы ча́ще всего́ обе́даем в кафе́.
우리는 카페에서 제일 자주 점심을 먹습니다.

➡ 비교급 어미 변화 예외 185쪽

👩 왕초보 탈출 팁

'제일 ~' 문장 뒤에 всего́/всех на све́те를 붙이면 '세상에서 제일 ~'이라는 의미를 갖게 됩니다. 이때 대상이 사람이나 동물일 경우 всех на све́те, 사물일 경우 всего́ на све́те라는 표현을 사용해야 합니다.

예) Мои́ друзья́ смешне́е всех на све́те. 내 친구들이 세상에서 제일 웃깁니다.

Коре́йская ку́хня вкусне́е всего́ на све́те.
한식이 세상에서 제일 맛있습니다.

🕌 단어

- са́мый 제일, 가장
- тако́й 그러한
- так 그렇게, 그만큼
- чемода́н 여행 가방
- тяжёлый 무거운
- челове́к 사람
- усе́рдно 열심히
- продава́ть 팔다
- шокола́д 초콜릿
- встре́тить 만나다
- у́мный 똑똑한, 영리한
- класс 반, 학년
- учи́ться 공부하다
- обе́дать 점심을 먹다
- кафе́ 카페
- свет 세상, 빛
- смешно́й 웃기는

🎧 MP3 15-07 들어 보기　🎙 MP3 15-08 회화 훈련

4

Мне бо́льше всего́ нра́вится рисова́ть.

저는 무엇보다 그림 그리는 것을 제일 좋아합니다.

⭐ чем ~, тем … : ~할수록 …하다

'~할수록 …하다'라는 표현을 사용할 때에는 형용사 또는 부사에 비교급 어미를 붙여야 합니다.

예) **Чем ти́ше** ты говори́шь, **тем ху́же** я слы́шу.
네가 조용히 말할수록 나는 잘 들리지 않는다.

нра́виться 용법 1 　여격＋нра́виться＋주격

нра́виться는 보통 '좋아하다'라고 의역하는 경우가 많지만, 원래 뜻은 '~에게 마음에 들다'라는 뜻입니다. 때문에 용법도 조금 특이한데요, 마음에 드는 대상이 주격으로, 마음에 들어하는 사람은 여격으로 쓰입니다. 따라서 нра́виться는 주격으로 쓰인 명사의 성, 수에 맞춰 변화시켜야 합니다.

예) Мари́не нра́вится свой чемода́н.
마리나는 자신의 여행 가방을 좋아합니다. (직역: 자신의 여행 가방이 마리나의 마음에 듭니다.)

Я нра́влюсь ему́.
그가 저를 좋아합니다. (직역: 제가 그의 마음에 듭니다.)

нра́виться 용법 2 　여격＋нра́виться＋동사원형

뒤에 명사 주격이 아닌 동사원형이 쓰이는 무인칭문으로도 사용됩니다. 무인칭문이기 때문에 현재시제는 언제나 нра́вится로, 과거시제는 언제나 нра́вилось로 사용됩니다.

예) Мне нра́вится е́здить на велосипе́де.　저는 자전거를 타고 다니는것을 좋아합니다.

⭐ бо́льше всего́＋нра́виться : 제일 좋아하다

'제일 좋아하다'라는 뜻으로 사용됩니다. 좋아하는 대상을 주격으로 쓰고 нра́виться는 주어의 성, 수에 일치시켜서 사용합니다.

예) Мне бо́льше всего́ нра́вятся фру́кты.　저는 과일을 제일 좋아합니다.

 왕초보 탈출 팁

문장에 두 개의 동사가 연속으로 있는 경우 뒤에 쓰인 동사는 원형으로 쓰입니다.

예) Я люблю́ шепта́ть.
저는 속삭이기를 좋아합니다.

Он хо́чет оста́ться до́ма.
그는 집에 남고 싶어합니다.

 단어

рисова́ть　그림 그리다 불
говори́ть　말하다 불
слы́шать　들리다 불
свой　자신의
е́здить　타고 다니다 불
велосипе́д　자전거
фрукт　과일
шепта́ть　속삭이다 불
оста́ться　남다, 남아 있다 완

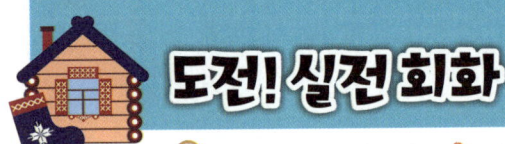

도전! 실전 회화

🎧 MP3 15-09 들어 보기   🎤 MP3 15-10 회화 훈련

 Антон: Приве́т, Мари́на! Куда́ ты е́дешь?

 **Мари́на**: Я е́ду в аэропо́рт.
Прие́хала моя́ ста́ршая сестра́❶.

 **Антон**: Я не знал, что у тебя́ есть сестра́.

 **Мари́на**: У меня́ ещё есть мла́дший брат.

 Антон: Я всегда́ мечта́л о мла́дшем бра́те.❷
Как до́лго она́ бу́дет с тобо́й?

 Мари́на: Ду́маю, приме́рно ме́сяц.

단어

éхать 타고 가다	аэропо́рт 공항	прие́хать 도착하다
ста́рший 연상의, 가장 나이가 많은	сестра́ 여자 형제	знать 알다
ещё 또	мла́дший 연하의, 가장 어린	брат 남자 형제
мечта́ть 희망하다, 염원하다	до́лго 오랫동안	ду́мать 생각하다
приме́рно 대략	ме́сяц 달, 월	

안톤	안녕, 마리나! 어디 가고 있어?
마리나	공항에 가고 있어. 언니가 왔거든.
안톤	너한테 언니가 있는 줄 몰랐어.
마리나	남동생도 있어.
안톤	난 늘 남동생이 있었으면 했는데. 언니는 너랑 얼마나 있을 예정이야?
마리나	한 달 정도 있을 것 같아.

 **회화 Tip**

❶ 러시아어에는 '언니/누나'나 '오빠/형'이라는 단어가 따로 없습니다. 영어와 유사하게 앞에 ста́рший(연상의) 또는 мла́дший(연하의)를 붙여서 사용합니다.

❷ '희망하다', '염원하다'라는 뜻의 мечта́ть는 전치사 o와 함께 쓰입니다.
　예 Я мечта́ю о но́вой рабо́те.
　저는 새로운 직장을 바라고 있어요.

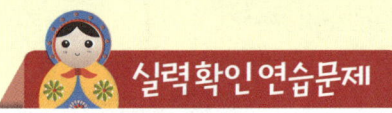

1 빈칸에 들어갈 알맞은 말을 적으세요.

1 В ко́мнате А́ни _____, чем здесь.
аня의 방이 여기보다 밝습니다.

2 Она́ говори́т по-ру́сски _____, чем я.
그녀는 나보다 러시아어로 잘 말합니다.

3 Я расска́зываю _____ тебя́.
나는 너보다 재미있게 이야기해.

4 Э́тот торт _____, чем тот.
이 케이크가 저것보다 맛있습니다.

2 са́мый, тако́й의 알맞는 어미를 사용하여 문장을 완성하세요.

1 Я хочу́ _____ же краси́вую ру́чку, как у тебя́.
나도 네가 가지고 있는 것처럼 예쁜 볼펜을 갖고 싶다.

2 Он _____ у́мный студе́нт.
그는 가장 똑똑한 학생입니다.

3 Вчера́ я ви́дела _____ дороги́е джи́нсы.
저는 어제 제일 비싼 청바지를 봤습니다.

4 Здесь продаю́т _____ же большо́й чемода́н, как у меня́.
여기에서 내 것만큼 큰 여행 가방을 팝니다.

정답 **1** 1. светле́е 2. лу́чше 3. интере́снее 4. вкусне́е
2 1. тако́ю 2. са́мый 3. са́мые 4. тако́й

문화엿보기

1월 1일 00시 00분

한국에서는 보통 새해 첫날 해돋이를 보는 데 큰 의미를 둡니다. 하지만 러시아에서는 1월 1일이 시작하는 순간을 맞이하는 데에 더 큰 의미를 두는데요. 가까운 가족이 모두 모여 이 순간부터 아침까지 파티를 합니다. 정시가 오기 전 TV에서는 크렘린을 바탕으로 대통령의 연설과 덕담을 방송해 주는데, 이 연설은 정확히 정시에 끝납니다. 정시에 연설이 끝나면 크렘린의 시계탑이 12번 치는 모습이 이어서 방송됩니다. 러시아의 모든 국민들은 신년을 맞으며 꼭 이 장면을 보는데, 가장 정확한 시계로 정시를 확인할 수 있기 때문이기도 합니다. 러시아는 서쪽 끝에서부터 동쪽 끝까지 시차가 무려 11시간이 납니다. 때문에 방송에서는 1시간 간격으로 같은 연설을 11번 들을 수 있습니다.

День 16

Мне ка́жется сего́дня бу́дет хоро́шая пого́да.

오늘 날씨가 좋을 것 같습니다.

월   일

MP3와 강의를 들어 보세요

공부 순서

동영상 강의	본책	복습용 동영상
 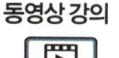 

단어장	단어 암기 동영상

핵심 문장 익히기

🎧 MP3 16-01 들어 보기   🎤 MP3 16-02 회화 훈련

1

Мне ка́жется э́тот фильм ску́чный.
내 생각에 이 영화는 지루한 것 같아.

⭐ каза́ться

каза́ться의 사전적 의미는 '생각되다', '보여지다', '여겨지다'인데, 함께 사용되는 명사의 격에 따라 의미가 달라집니다.

1. 여격+ка́жется ~ : ~라고 생각되다

영어의 it seems to와 유사합니다. 무인칭문이기 때문에 동사는 항상 중성 단수형으로 변화합니다.

예) Мне ка́жется, у тебя́ но́вая причёска.
네 헤어스타일이 새로운 것 같다. (직역: 너에게 새로운 헤어스타일이 있는 것 같다고 나에게 생각된다.)

Ей каза́лось, что он ску́чный челове́к.
그녀는 그가 지루한 사람이라고 생각했다. (직역: 그는 지루한 사람이란 것이 그녀에게 생각되었다.)

2. 주격+каза́ться+형용사 조격: ~가 …하게 여겨지다, …하게 보이다

я	кажу́сь	мы	ка́жемся
ты	ка́жешься	вы	ка́жетесь
он/она́	ка́жется	они́	ка́жутся

예) Я кажу́сь краси́вой. 나(여자)는 자신이 예뻐 보입니다.
Они́ ка́жутся мне холо́дными. 나한테(=내가 볼 때) 그들은 차가워 보입니다.

의견을 표현하는 부사

'~의 생각에는'은 다음과 같이 표현할 수 있습니다.

내 생각에는	по-мо́ему
네 생각에는	по-тво́ему
우리 생각에는	по-на́шему
당신 생각에는	по-ва́шему

왕초보 탈출 팁

부사 по-сво́ему는 свой(자신의)라는 단어에서 파생된 표현으로, '제멋대로', '자신의 스타일로'라는 의미를 가지고 있습니다.

예) Он поста́вил ме́бель по-сво́ему.
그는 자신의 스타일대로 가구를 놓았습니다.

단어

ску́чный 지루한
причёска 헤어스타일
краси́вый 예쁜, 아름다운
холо́дный 차가운
поста́вить 놓다 완
ме́бель 가구 여
до́брый 친절한, 좋은

공부한 내용을 확인해 보세요!

❶ Мне _____ (каза́ться), он хорошо́ говори́т.
내 생각에 그는 말을 잘하는 것 같습니다.

❷ Вы _____ (каза́ться) мне до́брыми.
내가 볼 때 당신들은 친절한 것 같습니다.

정답
① ка́жется ② ка́жетесь

🎧 MP3 16-03 들어 보기   🎤 MP3 16-04 회화 훈련

2 Здесь кто́-то живёт.
여기에 누군가가 살고 있습니다.

★ 의문사+-то

의문사 뒤에 -то가 붙으면 말하는 내용 자체는 사실이지만 의문사에 해당하는 내용만 확실하지 않다는 의미가 됩니다.

예) Я то́чно не по́мню, но я его́ где́-то ви́дела.
확실히 기억은 안 나지만, 나는 그를 어디선가 보았습니다.

Они́ когда́-то рабо́тали вме́сте.
그들은 언젠가 함께 일했었습니다.

★ 의문사+-нибу́дь

의문사 뒤에 -нибу́дь가 붙으면 내용이 확실하지도 않지만 어떠한 내용이든 상관없음을 나타냅니다.

예) Скажи́ что-нибу́дь. 아무 말이든 해 봐.
Здесь кто-нибу́дь живёт? 여기에 누군가가 살고 있나요?

★ ко́е-+의문사

의문사 앞에 ко́е-가 붙으면 '해당 내용을 알고 있지만 말하고 싶지 않다', '말을 할 수 없다', '이에 대한 정보가 부족하다'라는 의미가 됩니다.

예) Я ко́е-что зна́ю о нём. 나는 그에 대해서 무언가 알고 있는 게 있습니다.
Она́ ко́е-куда́ спря́тала конфе́ты. 그녀는 사탕을 어딘가에 숨겼습니다.

왕초보 탈출 팁

ко́е-как는 '간신히'라는 뜻을 가지고 있습니다.

예) Я ко́е-как реши́ла зада́чу. 저는 문제를 간신히 풀었습니다.

단어

жить 살다
то́чно 정확히
по́мнить 기억하다
ви́деть 보다
сказа́ть 말하다
спря́тать 숨기다
конфе́та 사탕
реши́ть 해결하다, 풀다
зада́ча 문제

공부한 내용을 확인해 보세요!

❶ Мы когда́-_____ жи́ли в Москве́.
우리는 언젠가 모스크바에 살았습니다.

❷ Кто-_____ говори́т по-ру́сски?
누구든 러시아어를 하는 사람이 있습니까?

정답
① то ② нибу́дь

핵심 문장 익히기

🎧 MP3 16-05 들어 보기　🎙 MP3 16-06 회화 훈련

3

Мне не́когда отдыха́ть.
저는 쉴 시간이 없습니다.

⭐ **ни+의문사+не ~**

의문사의 부정형을 만들려면 의문사 앞에 ни를 붙여 주면 됩니다. 그리고 문장에서 не로 한 번 더 부정의 의미를 강조해 주면 되는데요, 만약 의문사 앞에 전치사가 있다면 ни는 전치사 앞에 놓여서 세 개의 개별 단어로 쓰입니다.

예) Он здесь никого́ не зна́ет.　그는 여기서 아무도 모릅니다.
　　Студе́нт ни о чём не ду́мает.　학생은 아무런 생각도 하지 않습니다.

⭐ **не́когда**

никогда́ не가 모든 가능성을 부정하는 뜻으로 빈도가 0이라는 의미를 가지고 있는 반면, не́когда는 '~할 시간이 없다'라는 뜻으로 사용됩니다.

예) Он никогда́ не опа́здывает.　그는 절대 지각하지 않습니다.
　　Студе́нтам не́когда путеше́ствовать.　학생들에게는 여행할 시간이 없습니다.

⭐ **не+의문사**

не는 어느 의문사 앞에서도 사용이 가능하며 의미는 не́когда에서처럼 '~할 …이 없다'입니다. 만약 의문사 앞에 전치사가 있다면 не는 전치사 앞에 놓여서 세 개의 개별 단어로 쓰입니다.

예) В го́роде не́где отдыха́ть.　도시에는 쉴 곳이 없습니다.
　　Мне не́ с кем поговори́ть.　나는 함께 이야기할 사람이 없습니다.

 왕초보 탈출 팁

의문사 앞에 не가 붙으면 강세는 반드시 не에 있습니다.

 단어

отдыха́ть 쉬다
опа́здывать 늦다
путеше́ствовать 여행하다
го́род 도시
поговори́ть 이야기하다, 상담하다
пить 마시다
ко́фе 커피
ждать 기다리다

 공부한 내용을 확인해 보세요!

❶ О́льга _____ не пьёт ко́фе.　올가는 절대 커피를 마시지 않습니다.

❷ Нам _____ ждать.　우리는 기다릴 시간이 없습니다.

 정답
① никогда́　② не́когда

4

Я мно́го чита́ю, что́бы стать журнали́стом.
저는 저널리스트가 되기 위해 책을 많이 읽습니다.

🎧 MP3 16-07 들어 보기   🎤 MP3 16-08 회화 훈련

★ 목적을 묻는 зачéм

зачéм은 '무엇을 위해서', '무엇 때문에'라는 뜻으로 목적, 까닭을 묻는 의문사입니다.

예) **Зачéм** он изуча́ет филосо́фию? 그는 무엇 때문에 철학을 공부합니까?

★ 목적을 말하는 что́бы

что́бы는 '~을 위해서'라는 뜻으로 목적, 까닭을 설명할 때 사용하는 접속사입니다.

1. 주절, что́бы + 동사원형

주절과 что́бы 종속절의 주어가 같을 때 종속절에서는 주어를 생략하고 동사원형을 씁니다.

예) Лю́ди чита́ют газе́ты, **что́бы знать** но́вости.
사람들은 뉴스를 알기 위해 신문을 읽습니다.

2. 주절, что́бы + 주어 + 동사 과거형

주절과 что́бы 종속절의 주어가 다를 때 종속절에는 동사 과거형을 써 줍니다.

예) Учи́тель объясня́ет, **что́бы де́ти лу́чше зна́ли**.
아이들이 더 잘 알게 하기 위해서 선생님이 설명합니다.

왕초보 탈출 팁

что́бы 앞에는 꼭 쉼표를 찍어야 합니다.

단어

мно́го 많이
чита́ть 읽다
стать ~가 되다
журнали́ст 저널리스트
изуча́ть 공부하다
филосо́фия 철학
газе́та 신문
но́вости 뉴스 여 복
объясня́ть 설명하다
спра́шивать 묻다
роди́тели 부모님
гото́вить 요리하다
обе́дать 점심을 먹다

공부한 내용을 확인해 보세요!

① Студе́нты спра́шивают, что́бы _____ (знать).
학생들은 알기 위해 질문합니다.

② Роди́тели гото́вят, что́бы де́ти _____ (обе́дать).
부모님은 아이들이 점심을 먹을 수 있도록 요리를 합니다.

정답
① знать   ② обе́дали

День 16 Мне ка́жется сего́дня бу́дет хоро́шая пого́да.

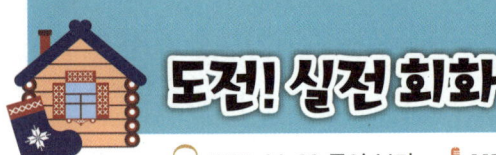

🎧 MP3 16-09 들어 보기   🎤 MP3 16-10 회화 훈련

 Антон: Мари́на, что ты де́лаешь?

 Марина: Я чита́ю Толсто́го❶, но ничего́ не понима́ю.

 Антон: Дава́й я тебе́ расскажу́.❷
Я когда́-то его́ прочита́л.

 Марина: Спаси́бо! А когда́ э́то бы́ло?

 Антон: Давно́, когда́ я хоте́л стать писа́телем❸.

단어

- де́лать 하다
- понима́ть 이해하다
- прочита́ть 읽다
- стать ~가 되다
- ма́льчик 소년
- чита́ть 읽다
- рассказа́ть 이야기하다
- давно́ 오래전
- писа́тель 작가
- актёр 배우
- Толсто́й 톨스토이
- когда́-то 언젠가
- хоте́ть 원하다
- Го́голь 고골

안톤	마리나, 뭐 하고 있어?
마리나	톨스토이 책을 읽고 있는데, 아무것도 못 알아듣겠어.
안톤	내가 얘기해 줄 수 있어. 언젠가 톨스토이 책을 다 읽은 적이 있거든.
마리나	고마워! 그런데 그건 언제 일이야?
안톤	오래전, 내가 작가가 되고 싶었을 때.

회화 Tip

① 작가 이름이 그대로 쓰여도 '~의 작품'이라는 뜻이 됩니다.

예) Я прочитáла Гóголя.
나는 고골의 작품을 다 읽었습니다.

② Давáй는 상대에게 어떠한 행동을 제시할 때 본인의 의지를 나타냄과 동시에 상대에게 결정권을 넘겨 주는 뉘앙스를 추가함으로써 좀 더 부드러운 표현으로 만들어 줍니다. 즉 Я тебé расскажý가 '내가 얘기해 줄게'라면 Давáй я тебé расскажý는 '내가 얘기해 줄까?' 또는 '내가 얘기해 줄 수 있어' 정도의 의미가 됩니다.

③ стать는 '~가 되다'라는 뜻입니다. 뒤에 오는 명사는 조격으로 변화합니다.

예) Мáльчик хóчет стать актёром.
소년은 배우가 되고 싶어합니다.

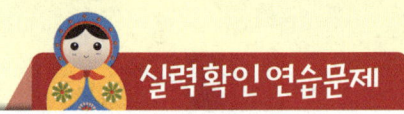

실력확인 연습문제

1 알맞은 시제를 사용하여 동사로 빈칸을 채우세요.

1 **Он ти́хо разгова́ривает, что́бы лу́чше _____ (петь).**
그는 노래를 더 잘 부르기 위해서 조용히 대화합니다.

2 **Я хочу́, что́бы вы _____ (отдыха́ть).**
저는 당신이 쉬었으면 좋겠습니다.

3 **Она́ не пьёт ко́фе, что́бы ра́ньше _____ (лечь спать).**
그녀는 일찍 자기 위해서 커피를 마시지 않습니다.

4 **Магази́ну ну́жно, что́бы лю́ди бо́льше _____ (покупа́ть).**
가게는 사람들이 더 많이 구매할 필요가 있습니다.

2 괄호 안의 알맞은 단어를 선택하세요.

1 **Он (ни/не)когда не обма́нывает люде́й.**
그는 절대 사람들을 속이지 않습니다.

2 **Мне ка́жется, я где́-(то/нибу́дь) вас ви́дела.**
제 생각에 제가 당신을 어디선가 본 것 같습니다.

3 **Я хочу́ тебе́ (ко́е/ни) о чём рассказа́ть.**
너한테 해 주고 싶은 말이 있어.

4 **Мне ску́чно и хочу́ посмотре́ть како́й-(то/нибу́дь) фильм.**
저는 심심해서 아무 영화라도 보고 싶습니다.

정답 **1** 1. петь 2. отдыха́ли 3. лечь спать 4. покупа́ли
2 1. ни 2. то 3. кóе 4. нибу́дь

문화 엿보기

러시아에서 줄 서기

사람들이 많이 모인 곳에서는 늘 줄을 서게 되는데요, 러시아에서는 정석대로 줄을 서 있는 사람들이 많지 않습니다. 러시아인들은 줄을 서야 하는 장소에 도착하면 주변에 '누가 마지막입니까?'라는 질문을 꼭 합니다. 그럼 마지막 순서였던 사람이 손을 들게 되지요. 그런 식으로 내 앞의 사람만 봐 두고 나서 서 있는 대신 주변 의자에 앉아서 기다립니다. 내 뒤의 사람이 온 걸 확인한 뒤에는 잠깐 자리를 비우기도 하는데요, 자리를 비웠다고 해서 순서를 빼앗기는 것은 아닙니다. 내 앞, 혹은 뒤에 있는 사람이 자리를 맡아 주는 셈이 되는 것이지요. 때문에 줄을 서기 전에는 꼭 'Кто после́дний?(누가 마지막입니까?)'라는 질문을 해야 합니다.

핵심 문법 요점 노트

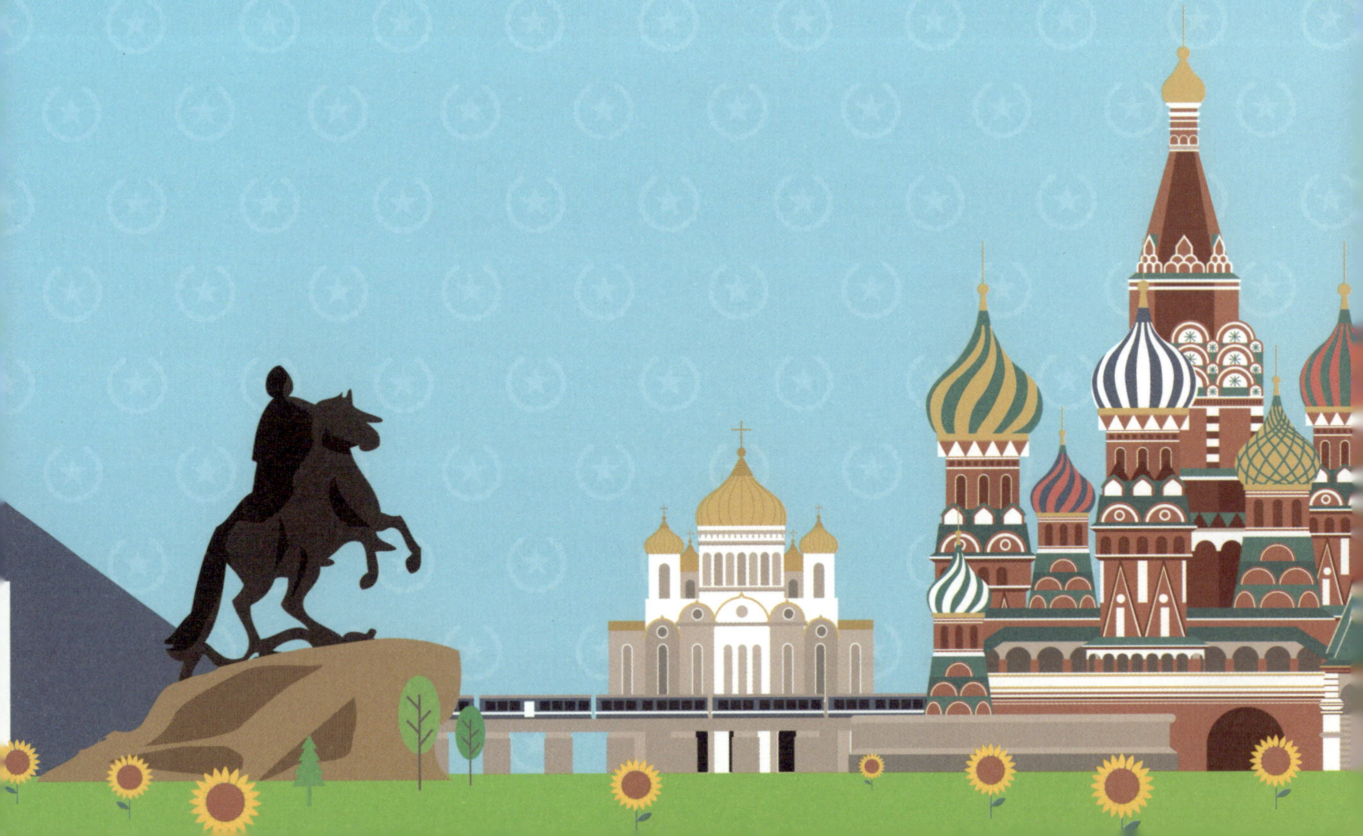

★ 기수

숫자	기수	숫자	기수	숫자	기수
0	ноль(=нуль)	10	де́сять	20	два́дцать
1	оди́н	11	оди́ннадцать	30	три́дцать
2	два	12	двена́дцать	40	со́рок
3	три	13	трина́дцать	50	пятьдеся́т
4	четы́ре	14	четы́рнадцать	60	шестьдеся́т
5	пять	15	пятна́дцать	70	се́мьдесят
6	шесть	16	шестна́дцать	80	во́семьдесят
7	семь	17	семна́дцать	90	девяно́сто
8	во́семь	18	восемна́дцать	100	сто
9	де́вять	19	девятна́дцать		

★ 세 자리 이상인 기수

숫자	기수	숫자	기수
100	сто	600	шестьсо́т
200	две́сти	700	семьсо́т
300	три́ста	800	восемьсо́т
400	четы́реста	900	девятьсо́т
500	пятьсо́т	1,000	ты́сяча

숫자	기수
10,000	де́сять ты́сяч
100,000	сто ты́сяч
1,000,000	миллио́н
1,000,000,000	миллиа́рд

★ 서수

숫자	기수	숫자	기수	숫자	기수
0	нулево́й	10	деся́тый	20	двадца́тый
1	пе́рвый	11	оди́ннадцатый	30	тридца́тый
2	второ́й	12	двена́дцатый	40	сороково́й
3	тре́тий	13	трина́дцатый	50	пятидеся́тый
4	четвёртый	14	четы́рнадцатый	60	шестидеся́тый
5	пя́тый	15	пятна́дцатый	70	семидеся́тый
6	шесто́й	16	шестна́дцатый	80	восьмидеся́тый
7	седьмо́й	17	семна́дцатый	90	девяно́стый
8	восьмо́й	18	восемна́дцатый	100	со́тый
9	девя́тый	19	девятна́дцатый		

★ 세 자리 이상인 서수

숫자	기수	숫자	기수
100	со́тый	600	шестисо́тый
200	двухсо́тый	700	семисо́тый
300	трёхсо́тый	800	восьмисо́тый
400	четырёхсо́тый	900	девятисо́тый
500	пятисо́тый	1,000	ты́сячный

숫자	기수
10,000	десятиты́сячный
100,000	стоты́сячный
1,000,000	миллио́нный
1,000,000,000	миллиа́рдный

격변화

★ 명사의 복수형 예외

예외 단어들은 특별한 변형 규칙이 존재하지 않습니다.

до́чь 딸 мать 어머니	+-ери	до́чери ма́тери	дом 집 го́род 도시 по́езд 기차 но́мер 번호 па́спорт 여권	+-а	дома́ города́ поезда́ номера́ паспорта́
и́мя 이름 вре́мя 시간	+-ена	имена́ времена́	глаз 눈 до́ктор 박사 дире́ктор 사장 ма́стер 마스터 профе́ссор 교수님 учи́тель 선생님		глаза́ доктора́ директора́ мастера́ профессора́ учителя́
брат 남자 형제 муж 남편 друг 친구 сын 아들 стул 의자 лист 나뭇잎, 종이	+-ья	бра́тья мужья́ друзья́ сыновья́ сту́лья ли́стья			
я́блоко 사과 у́хо 귀	+-и	я́блоки у́ши	ребёнок 아이 челове́к 사람		де́ти лю́ди

★ 소유대명사와 소유형용사

러시아어는 소유대명사(~의 것)와 소유형용사(~의)의 형태가 동일합니다. 아래 표와 같이 я, ты, мы, вы는 지칭하는 명사의 성과 수에 따라 형태가 달라지지만, он, она́, они́의 소유사는 각각 его́, её, их로 형태가 동일합니다.

	я	ты	мы	вы	он	она́	они́
남성	мой	твой	наш	ваш	его́	её	их
여성	моя́	твоя́	на́ша	ва́ша			
중성	моё	твоё	на́ше	ва́ше			
복수	мой	твой	на́ши	ва́ши			

★ 인칭대명사 격변화

주격	я	ты	он	она́	мы	вы	они́
생격	меня́	тебя́	(н)его́	(н)её	нас	вас	(н)их
여격	мне	тебе́	ему́	ей	нам	вам	им
대격	меня́	тебя́	(н)его́	(н)её	нас	вас	(н)их
조격	мной	тобо́й	ним	ней	на́ми	ва́ми	ни́ми
전치격	(обо) мне	(о) тебе́	(о) нём	(о) ней	(о) нас	(о) вас	(о) них

★ 명사 단수 격변화

		1그룹	2그룹	3그룹
주격	кто?/что?	-а/-я	-자음/-о/-е	-ь
생격	кого́?/чего́?	-ы/-и	-а/-я	-и
여격	кому́?/чему́?	-е	-у	-и
대격	кого́?/что?	-у/-ю	사물: 주격 사람, 동물: 생격	-ь
조격	кем?/чем?	-ой/-ей	-ом/-ем/-ём	-ью
전치격	о ком?/о чём?	-е	-е	-и

★ 명사 복수 격변화

		1그룹, 3그룹	2그룹
주격	кто?/что?	-ы/-и	-ы, -и/-а/-я
생격	кого́?/чего́?	*	-ов/-ев
여격	кому́?/чему́?	-ам/-ям	
대격	кого́?/что?	사물: 주격 사람, 동물: 생격	
조격	кем?/чем?	-ами/-ями	
전치격	о ком?/о чём?	-ах/-ях	

* 명사 복수 생격 어미 변화

주격	생격
-ь, -е	-ей
자음	-ов/-ев
-ч, -ж, -ш, -щ	-ей
-о, -а/-я	어미 탈락/-ь
-ия, -ие	-ий

★ 명사의 복수 생격 예외

명사 복수형 중 예외에 해당되는 단어는 생격 변화에서도 예외에 해당됩니다.

ма́тери(어머니들) → матер**е́й**	роди́тели(부모) → роди́тел**ей**	сту́лья(의자들) → сту́ль**ев**
до́чери(딸들) → дочер**е́й**	сыновья́(아들들) → сынов**е́й**	имена́(이름들) → им**ён**
друзья́(친구들) → друз**е́й**	ли́стья(잎사귀들) → ли́ть**ев**	времена́(시간들) → врем**ён**
де́ти(아이들) → дет**е́й**	бра́тья(형제들) → бра́ть**ев**	де́ньги(돈) → де́н**ег**
лю́ди(사람들) → люд**е́й**	дере́вья(나무들) → дере́вь**ев**	год(해, 년) → **лет**

★ -ий, -ия로 끝나는 명사의 격변화

		단수		복수	
주격	кто?/что?	-ий	-ия	-ии	
생격	кого́?/чего́?	-ия	-ии	-иев	-ий
여격	кому́?/чему́?	-ию	-ии		-иям
대격	кого́?/что?	사물: 주격 사람, 동물: 생격	-ию	사물: 주격 사람, 동물: 생격	-ии
조격	кем?/чем?	-ием	-ией	-ью	-иями
전치격	о ком?/о чём?	-ии	-ии	-и	-иях

★ 불규칙 변화 명사

		단수			
주격	кто?/что?	дочь	и́мя	оте́ц	путь
생격	кого́?/чего́?	до́чери	и́мени	отца́	пути́
여격	кому́?/чему́?	до́чери	и́мени	отцу́	пути́
대격	кого́?/что?	дочь	и́мя	отца́	путь
조격	кем?/чем?	до́черью	и́менем	отцо́м	путём
전치격	о ком?/о чём?	до́чери	и́мени	отце́	пути́

		복수			
주격	кто?/что?	до́чери	имена́	отцы́	пути́
생격	кого́?/чего́?	дочере́й	имён	отцо́в	путе́й
여격	кому́?/чему́?	дочеря́м	имена́м	отца́м	путя́м
대격	кого́?/что?	дочере́й	имена́	отцо́в	пути́
조격	кем?/чем?	дочерьми́	имена́ми	отца́ми	путя́ми
전치격	о ком?/о чём?	дочеря́х	имена́х	отца́х	путя́х

★ 지시형용사 격변화

지시형용사는 지칭하는 명사를 따라 격변화 합니다.

1. э́тот

주격	кто?/что?	э́тот/э́то	э́та	э́ти
생격	кого́?/чего́?	э́того	э́той	э́тих
여격	кому́?/чему́?	э́тому	э́той	э́тим
대격	кого́?/что?	사물: 주격 사람, 동물: 생격	э́ту	사물: 주격 사람, 동물: 생격
조격	кем?/чем?	э́тим	э́той	э́тими
전치격	о ком?/о чём?	об э́том	об э́той	об э́тих

2. тот

주격	кто?/что?	тот/то	та	те
생격	кого́?/чего́?	того́	той	тех
여격	кому́?/чему́?	тому́	той	тем
대격	кого́?/что?	사물: 주격 사람, 동물: 생격	ту	사물: 주격 사람, 동물: 생격
조격	кем?/чем?	тем	той	те́ми
전치격	о ком?/о чём?	о том	о той	о тех

★ 정대명사 격변화

정대명사는 형용사화되어 명사를 따라 격변화 합니다.

주격	кто?/что?	весь/всё	вся	все
생격	кого?/чего?	всего́	всей	всех
여격	кому́?/чему́?	всему́	всей	всем
대격	кого?/что?	사물: 주격 사람, 동물: 생격	всю	사물: 주격 사람, 동물: 생격
조격	кем?/чем?	всем	всей	все́ми
전치격	о ком?/о чём?	обо всём	обо всей	обо всех

★ 동사 그룹 구분법

현재형 변화 시 어미에 강세가 있는 경우와 -еть로 끝나는 7개의 동사 그리고 -ать로 끝나는 4개의 동사는 모두 -ить형 동사와 함께 2식 변화 그룹에 속합니다. 그 외 동사는 1식 변화 그룹에 해당됩니다.

어미에 강세가 있는 동사	-еть 예외 동사	-ать 예외 동사
стоя́ть 서다 лете́ть 날다 шуме́ть 시끄럽게 하다 горе́ть 타다 крича́ть 소리 지르다 плыть 헤엄치다 сиде́ть 앉아 있다	ви́деть 보다 оби́деть 화나게 하다 ненави́деть 증오하다 зави́сеть 의지하다 терпе́ть 참다 смотре́ть 보다 верте́ть 회전시키다	дыша́ть 숨쉬다 слы́шать 들리다 гна́ть 쫓아내다 держа́ть 잡고 있다

★ 타동사

러시아어에도 영어와 마찬가지로 타동사가 있습니다. 타동사란 동사 뒤에 전치사 구문 없이 바로 명사 대격을 쓰는 동사를 의미합니다.

де́лать 하다 чита́ть 읽다 знать 알다 смотре́ть 보다 слу́шать 듣다 изуча́ть (학문을)익히다	учи́ть 배우다 расска́зывать 이야기하다 понима́ть 이해하다 приглаша́ть 초대하다 ждать 기다리다 ви́деть 보다	писа́ть 글을 쓰다 иска́ть 찾다 люби́ть 좋아하다, 사랑하다 гото́вить 요리하다, 준비하다 есть 먹다, 가지고 있다 хоте́ть 원하다

예) Я приглаша́ю тебя́. 나는 너를 초대한다.
　　Мы изуча́ем ру́сский язы́к. 우리는 러시아어를 공부합니다.

★ '동사+전치사+대격' 구문

대격 지배 전치사와 함께 사용되는 동사가 있습니다. 이때 활용되는 전치사는 в, на, за 등이 있습니다.

смотре́ть на + 대격　～을 쳐다보다	예) Он смо́трит на де́рево. 그는 나무를 쳐다보고 있습니다.
отвеча́ть на + 대격　～에 대답하다	예) Мы отвеча́ем на вопро́с. 우리가 질문에 대답을 합니다.
отвеча́ть за + 대격　～에 책임을 지다	예) Мы отвеча́ем за прое́кт. 우리는 프로젝트에 책임을 집니다.
игра́ть в + 대격　(운동, 게임을) 하다	예) Они́ игра́ют в те́ннис. 그들은 테니스를 칩니다.

⭐ учи́ть, изуча́ть, учи́ться : 공부하다

세 단어 모두 같은 뜻을 가지고 있지만, 지배하는 격과 사용되는 상황에 따라 용법이 다릅니다.

учи́ть + 대격 가르치다, 외우다	예) Ма́ма у́чит дочь. 엄마가 딸을 가르칩니다. Студе́нт у́чит но́вые слова́. 대학생이 새로운 단어들을 외웁니다.
изуча́ть + 대격 학문을 익히다	예) Муж изуча́ет ру́сский язы́к. 남편이 러시아어를 배웁니다.
учи́ться в/на + 전치격 ~에서 공부하다	예) Сын у́чится в шко́ле. 아들은 학교에서 공부합니다. (=학교에 다닙니다.)
учи́ться + 동사원형 ~하는 법을 배우다	예) Де́вочка у́чится пла́вать. 소녀는 수영하는 법을 배웁니다.

⭐ 전치사 по + 여격

1. 매체

'~을 통해서', '~으로' 등으로 해석되며, 행동이 어떤 매체를 통해 이루어지는지 표현할 수 있습니다.

смотре́ть 보다		телеви́зору	예) Он смо́трит фильм по телеви́зору. 그는 TV로 영화를 봅니다.
слу́шать 듣다	по	ра́дио	예) Я слу́шаю му́зыку по ра́дио. 저는 라디오로 음악을 듣습니다.
звони́ть 전화하다		моби́льному телефо́ну	예) Он звони́л мне по моби́льному телефо́ну. 그는 핸드폰으로 나에게 전화했습니다.
отправля́ть 보내다		электро́нной по́чте	예) Я ча́сто отправля́ю письмо́ по электро́нной по́чте. 저는 이메일로 편지를 자주 보냅니다.

2. 영역

행동이 일어나는 영역이나 대상이 나타내는 범위 등을 표현할 수 있습니다.

예) Она́ гуля́ет по у́лице. 그녀는 거리에서 산책합니다.
Ско́ро бу́дет экза́мен по ру́сскому языку́. 곧 러시아어 시험이 있습니다.
У меня́ мно́го уче́бников по матема́тике. 저에게는 수학 교과서가 많습니다.

★ 여격 지배 동사

дава́ть 주다	отвеча́ть 대답하다	расска́зывать 이야기해 주다
пока́зывать 보여 주다	звони́ть 전화하다	говори́ть 말하다
меша́ть 방해하다	писа́ть 쓰다	помога́ть 도움을 주다
дари́ть 선물을 주다	сове́товать 조언하다	обеща́ть 약속하다

예) Я писа́л Же́не письмо́. 나는 제냐에게 편지를 썼다.
   Она́ до́лго помога́ла мне. 그녀는 오랫동안 나에게 도움을 줬다.

★ 여격과 함께 쓰이는 서법 부사

동사가 의미하는 어떤 행동 자체에 대해서 이야기하고 싶을 때는 ну́жно(필요하다), на́до(~해야 한다), мо́жно(~해도 된다), нельзя́(~하면 안 된다) 등의 서법 부사를 사용할 수 있습니다. 서법 부사는 영어의 조동사와 의미가 비슷한데, 러시아어에서는 행동의 주체를 여격으로 써 줍니다. 이때 과거시제에서는 бы́ло를, 미래시제에서는 бу́дет을 써야 합니다.

여격 (영향을 받는 대상)	ну́жно на́до мо́жно нельзя́	(과거) бы́ло (현재) - (미래) бу́дет	동사원형 (행동)

예) Мне ну́жно рабо́тать. 저는 일을 해야 합니다. (직역: 저에게는 일을 할 필요가 있습니다.)
   Студе́нту на́до бы́ло отдыха́ть. 학생은 쉬어야 했습니다.
   Нам ну́жно бу́дет взять зонт. 우리는 우산을 가져가야 할 것입니다.

★ 상의 형성

불완료상	완료상
접두사	
-	по-, про-, при-, за-, на-, вы-, с-, у- 등
де́лать	сде́лать 하다, 만들다
чита́ть	прочита́ть 읽다
обе́дать	пообе́дать 점심 먹다
гото́вить	пригото́вить 준비하다
есть	съесть 먹다
접미사	
-а-	-и-
отвеча́ть	отве́тить 대답하다
реша́ть	реши́ть 결정하다
приглаша́ть	пригласи́ть 초대하다
-ва-, -ива-, -ыва-, -има-, -ина-	-
дава́ть	дать 주다
спра́шивать	спроси́ть 묻다
расска́зывать	рассказа́ть 이야기하다
забыва́ть	забы́ть 잊다
понима́ть	поня́ть 이해하다
начина́ть	нача́ть 시작하다
-	-ну-
отдыха́ть	отдохну́ть 쉬다
вздыха́ть	вздохну́ть 한숨을 쉬다

★ когда́와 상

'~할 때'라는 뜻의 접속사로 쓰일 때의 когда́는 불완료상과 완료상 중 어떤 것을 쓰느냐에 따라 해석이 달라집니다. 불완료상과 쓰일 경우 주절의 행동과 동시에 일어나는 행동임을 의미하고, 완료상과 쓰일 경우 순차적으로 일어나는 행동임을 의미합니다. 이때 보통 когда́절의 내용이 먼저 일어납니다.

예 Мари́я гото́вила за́втрак, когда́ её муж собира́л на стол.
마리나는 그녀의 남편이 식탁을 차릴 때 아침 식사를 만들었습니다. (동시)

Я бу́ду с тобо́й игра́ть, когда́ сде́лаю рабо́ту.
일을 다 끝내고 나면, 나는 너랑 놀 거야. (순차)

비교급 어미 변화 예외

비교급에서 형용사/부사의 어미가 -ee가 아닌 -e로 변화하는 경우도 있습니다.

к → че		ст, дк → ще / ск, х → ше		д, г, зк, к → же	
лёгкий 가벼운, 쉬운	ле́гче	просто́й 간단한	про́ще	твёрдый 단단한	твёрже
мя́гкий 부드러운	мя́гче	то́лстый 뚱뚱한	то́лще	молодо́й 젊은	моло́же
гро́мкий 시끄러운	гро́мче	чи́стый 깨끗한	чи́ще	дорого́й 비싼	доро́же
коро́ткий 짧은	коро́че	сла́дкий 달콤한	сла́ще	стро́гий 엄격한	стро́же
жа́ркий 더운	жа́рче	высо́кий 높은, 키가 큰	вы́ше	ни́зкий 낮은	ни́же
го́рький 쓴	го́рче	ти́хий 조용한	ти́ше	бли́зкий 가까운	бли́же
		ча́сто 자주	ча́ще	ре́дко 드물게	ре́же

불규칙 동사 변화

★ 운동동사

идти́ (걸어서) 가다, 오다	ходи́ть (걸어서) 다니다	прийти́ (걸어서) 도착하다
я иду́	я хожу́	я приду́
ты идёшь	ты хо́дишь	ты придёшь
он/она́ идёт	он/она́ хо́дит	он/она́ придёт
мы идём	мы хо́дим	мы придём
вы идёте	вы хо́дите	вы придёте
они́ иду́т	они́ хо́дят	они́ приду́т

е́хать (타고) 가다, 오다	е́здить (타고) 다니다	приезжа́ть (타고) 도착하다
я е́ду	я е́зжу	я приезжа́ю
ты е́дешь	ты е́здишь	ты приезжа́ешь
он/она́ е́дет	он/она́ е́здит	он/она́ приезжа́ет
мы е́дем	мы е́здим	мы приезжа́ем
вы е́дете	вы е́здите	вы приезжа́ете
они́ е́дут	они́ е́здят	они́ приезжа́ют

⭐ -ва-, -ыва- 동사

встава́ть 일어나다	дава́ть 주다	остава́ться 남다
я встаю́	я даю́	я остаю́сь
ты встаёшь	ты даёшь	ты остаёшься
он/она́ встаёт	он/она́ даёт	он/она́ остаётся
мы встаём	мы даём	мы остаёмся
вы встаёте	вы даёте	вы остаётесь
они́ встаю́т	они́ даю́т	они́ остаю́тся

⭐ -овать, -евать 동사

путеше́ствовать 여행하다	сове́товать 충고하다	танцева́ть 춤추다
я путеше́ствую	я сове́тую	я танцу́ю
ты путеше́ствуешь	ты сове́туешь	ты танцу́ешь
он/она́ путеше́ствует	он/она́ сове́тует	он/она́ танцу́ет
мы путеше́ствуем	мы сове́туем	мы танцу́ем
вы путеше́ствуете	вы сове́туете	вы танцу́ете
они́ путеше́ствуют	они́ сове́туют	они́ танцу́ют

⭐ 인칭마다 어간이 달라지는 동사

дать 주다	есть 먹다	лечь 눕다
я дам	я ем	я ля́гу
ты дашь	ты ешь	ты ля́жешь
он/она́ даст	он/она́ ест	он/она́ ля́жет
мы дади́м	мы еди́м	мы ля́жем
вы дади́те	вы еди́те	вы ля́жете
они́ даду́т	они́ едя́т	они́ ля́гут

течь 흐르다	хоте́ть 원하다	
я теку́	я хочу́	
ты течёшь	ты хо́чешь	
он/она́ течёт	он/она́ хо́чет	
мы течём	мы хоти́м	
вы течёте	вы хоти́те	
они́ теку́т	они́ хотя́т	

*есть 동사는 '먹다'라는 의미로 사용될 때만 이렇게 변화합니다.

★ 어간이 변화 · 추가되는 동사

брать 잡다	**взять** 잡다	**встать** 일어나다
я беру́	я возьму́	я вста́ну
ты берёшь	ты возьмёшь	ты вста́нешь
он/она́ берёт	он/она́ возьмёт	он/она́ вста́нет
мы берём	мы возьмём	мы вста́нем
вы берёте	вы возьмёте	вы вста́нете
они́ беру́т	они́ возьму́т	они́ вста́нут

вы́брать 선택하다	**ждать** 기다리다	**жить** 살다
я вы́беру	я жду	я живу́
ты вы́берешь	ты ждёшь	ты живёшь
он/она́ вы́берет	он/она́ ждёт	он/она́ живёт
мы вы́берем	мы ждём	мы живём
вы вы́берете	вы ждёте	вы живёте
они́ вы́берут	они́ ждут	они́ живу́т

забы́ть 잊어버리다	**звать** 부르다	**иска́ть** 찾다, 검색하다
я забу́ду	я зову́	я ищу́
ты забу́дешь	ты зовёшь	ты и́щешь
он/она́ забу́дет	он/она́ зовёт	он/она́ и́щет
мы забу́дем	мы зовём	мы и́щем
вы забу́дете	вы зовёте	вы и́щете
они́ забу́дут	они́ зову́т	они́ и́щут

класть 놓다	**наде́ть** 입다, 걸치다	**найти́** 찾다, 발견하다
я кладу́	я наде́ну	я найду́
ты кладёшь	ты наде́нешь	ты найдёшь
он/она́ кладёт	он/она́ наде́нет	он/она́ найдёт
мы кладём	мы наде́нем	мы найдём
вы кладёте	вы наде́нете	вы найдёте
они́ кладу́т	они́ наде́нут	они́ найду́т

нача́ть 시작하다	**оста́ться** 남다	**петь** 노래하다
я начну́	я оста́нусь	я пою́
ты начнёшь	ты оста́нешься	ты поёшь
он/она́ начнёт	он/она́ оста́нется	он/она́ поёт
мы начнём	мы оста́немся	мы поём
вы начнёте	вы оста́нетесь	вы поёте
они́ начну́т	они́ оста́нутся	они́ пою́т

писа́ть 글을 쓰다	пить 마시다	поня́ть 이해하다
я пишу́	я пью	я пойму́
ты пи́шешь	ты пьёшь	ты поймёшь
он/она́ пи́шет	он/она́ пьёт	он/она́ поймёт
мы пи́шем	мы пьём	мы поймём
вы пи́шете	вы пьёте	вы поймёте
они́ пи́шут	они́ пьют	они́ пойму́т

присла́ть 보내다	рассказа́ть 이야기하다	сесть 앉다
я пришлю́	я расскажу́	я ся́ду
ты пришлёшь	ты расска́жешь	ты ся́дешь
он/она́ пришлёт	он/она́ расска́жет	он/она́ ся́дет
мы пришлём	мы расска́жем	мы ся́дем
вы пришлёте	вы расска́жете	вы ся́дете
они́ пришлю́т	они́ расска́жут	они́ ся́дут

сказа́ть 말하다	спря́тать 숨기다	шепта́ть 속삭이다
я скажу́	я спря́чу	я шепчу́
ты ска́жешь	ты спря́чешь	ты ше́пчешь
он/она́ ска́жет	он/она́ спря́чет	он/она́ ше́пчет
мы ска́жем	мы спря́чем	мы ше́пчем
вы ска́жете	вы спря́чете	вы ше́пчете
они́ ска́жут	они́ спря́чут	они́ ше́пчут

★ 1인칭 단수만 예외인 동사

ви́деть 보다	встре́тить 만나다	горди́ться 자랑스러워하다
я ви́жу	я встре́чу	я горжу́сь
ты ви́дишь	ты встре́тишь	ты горди́шься
он/она́ ви́дит	он/она́ встре́тит	он/она́ горди́тся
мы ви́дим	мы встре́тим	мы горди́мся
вы ви́дите	вы встре́тите	вы горди́тесь
они́ ви́дят	они́ встре́тят	они́ горди́тся

гото́вить 준비하다, 요리하다	купи́ть 사다	лови́ть 잡다
я гото́влю	я куплю́	я ловлю́
ты гото́вишь	ты ку́пишь	ты ло́вишь
он/она́ гото́вит	он/она́ ку́пит	он/она́ ло́вит
мы гото́вим	мы ку́пим	мы ло́вим
вы гото́вите	вы ку́пите	вы ло́вите
они́ гото́вят	они́ ку́пят	они́ ло́вят

люби́ть 좋아하다, 사랑하다	**находи́ть** 찾다, 발견하다	**нра́виться** 마음에 들다
я люблю́	я нахожу́	я нра́влюсь
ты лю́бишь	ты нахо́дишь	ты нра́вишься
он/она́ лю́бит	он/она́ нахо́дит	он/она́ нра́вится
мы лю́бим	мы нахо́дим	мы нра́вимся
вы лю́бите	вы нахо́дите	вы нра́витесь
они́ лю́бят	они́ нахо́дят	они́ нра́вятся
отве́тить 대답하다	**пригласи́ть** 초대하다	**реши́ть** 풀다, 해결하다
я отве́чу	я приглашу́	я решу́
ты отве́тишь	ты пригласи́шь	ты реши́шь
он/она́ отве́тит	он/она́ пригласи́т	он/она́ реши́т
мы отве́тим	мы пригласи́м	мы реши́м
вы отве́тите	вы пригласи́те	вы реши́те
они́ отве́тят	они́ приглася́т	они́ реша́т
сади́ться 앉다	**спать** 자다	**спроси́ть** 질문하다
я сажу́сь	я сплю	я спрошу́
ты сади́шься	ты спишь	ты спро́сишь
он/она́ сади́тся	он/она́ спит	он/она́ спро́сит
мы сади́мся	мы спим	мы спро́сим
вы сади́тесь	вы спи́те	вы спро́сите
они́ садя́тся	они́ спят	они́ спро́сят
ста́вить 놓다	**ходи́ть** (걸어서) 다니다	
я ста́влю	я хожу́	
ты ста́вишь	ты хо́дишь	
он/она́ ста́вит	он/она́ хо́дит	
мы ста́вим	мы хо́дим	
вы ста́вите	вы хо́дите	
они́ ста́вят	они́ хо́дят	

저자 강의 듣기

А а

А

а

Анна
Анна 안나

ананас
ананас 파인애플

Анна читает газету.
Анна читает газету. 안나는 신문을 읽습니다.

Б б

Б

б

Берлин
Берлин 베를린

буква
буква 글자

Я в банке.
Я в банке. 저는 은행에 있습니다.

В в

В

в

Виктор
Виктор 빅토르

время
время 시간

Вчера он болел.
Вчера он болел. 어제 그는 아팠습니다.

Г г

Г

г

Гоголь
Гоголь 고골

гитара
гитара 기타

Город очень большой
Город очень большой. 도시는 매우 큽니다.

Д д

Д

д

Дмитрий дедушка
Дмитрий 드미트리 **дедушка** 할아버지

Сейчас идёт дождь.
Сейчас идёт дождь. 지금 비가 오고 있습니다.

Е е

Е

е

Евгения ещё
Евгения 예브게니야 **ещё** 아직

Меня зовут Лена.
Меня зовут Лена. 제 이름은 레나입니다.

Ё ё

Ё

ё

Ёжик

Ёжик 고슴도치

ёлка

ёлка 전나무

Он ждёт её.

Он ждёт её. 그는 그녀를 기다립니다.

Ж ж

Ж

ж

Женя

Женя 제냐

жара

жара 더위

Сегодня жарко.

Сегодня жарко. 오늘은 덥습니다.

З з

З
з

Зоя 조야 **зонт** 우산

У меня нет зонта. 저에게는 우산이 없습니다.

И и

И
и

Италия 이탈리아 **имя** 이름

Мы изучаем историю. 우리는 역사를 공부합니다.

Й й

Й

й

Йога
Йога 요가

йогурт
йогурт 요구르트

Я занимаюсь йогой.
Я занимаюсь йогой. 저는 요가를 합니다.

К к

К

к

Клара
Клара 클라라

карта
карта 지도, 카드

У Клары есть кошка.
У Клары есть кошка. 클라라에게는 고양이가 있습니다.

Л л

Л

л

Латвия   лето

Латвия 라트비아   **лето** 여름

Это лёгкий вопрос.

Это лёгкий вопрос. 이것은 쉬운 질문입니다.

М м

М

м

Монголия   мама

Монголия 몽골   **мама** 엄마

У меня много ручек.

У меня много ручек. 저에게는 많은 볼펜이 있습니다.

Н н

Н

н

Нина　　　　　　　　*нога*
Нина 니나　　　　　　нога 다리, 발

Я не помню.
Я не помню. 저는 기억이 나지 않습니다.

О о

О

о

Ольга　　　　　　　*опера*
Ольга 올가　　　　　　опера 오페라

Мне очень холодно.
Мне очень холодно. 저는 매우 춥습니다.

Пп

П

п

Париж — Париж 파리

папа — папа 아빠

Пойдём гулять. — Пойдём гулять. 산책하러 가자.

Рр

Р

р

Россия — Россия 러시아

роза — роза 장미

Вчера он работал. — Вчера он работал. 어제 그는 일했습니다.

Сс

С

с

Сеул
Сеул 서울

сестра
сестра 여자 형제

Сегодня суббота.
Сегодня суббота. 오늘은 토요일입니다.

Тт

Т

т

Токио
Токио 도쿄

талант
талант 재능

Там находится театр.
Там находится театр. 저기에 극장이 위치하고 있습니다.

У у

У

У

Украина 우크라이나

урок 강의

Он слушает музыку. 그는 음악을 듣습니다.

Ф ф

Ф

ф

Франция 프랑스

факт 사실

Я играю в футбол. 저는 축구를 합니다.

Х х

Х

х

Хабаровск
Хабаровск 하바롭스크

хлеб
хлеб 빵

Она хорошо поёт.
Она хорошо поёт. 그녀는 노래를 잘 부릅니다.

Ц ц

Ц

ц

Цельсий
Цельсий 섭씨온도계

цирк
цирк 서커스

Я люблю цветы.
Я люблю цветы. 저는 꽃을 좋아합니다.

Ч ч

Чили 칠레

человек 사람

Сейчас пять часов. 지금은 다섯 시입니다.

Ш ш

Швеция 스웨덴

шутка 농담

Девочка идёт в школу. 소녀는 학교에 가고 있습니다.

Щ щ

Щ

щ

Щербинка

щётка

Щербинка 셰르빈카

щётка 솔

В России едят щи.

В России едят щи. 러시아에서는 시(러시아 수프)를 먹습니다.

ъ

ъ

съезд

съезд 회합

Это первый подъезд.

Это первый подъезд. 이것은 첫 관문입니다.

ы

ы

шорты

шорты 반바지

Это новые джинсы.

Это новые джинсы. 이것은 새 청바지입니다.

ь

ь

контроль

контроль 컨트롤

учительница

учительница 여자 선생님

Здесь нельзя курить.

Здесь нельзя курить. 여기서 담배를 피우면 안 됩니다.

Ээ

Э

э

Эдуард

Эдуард 에두아르드

этикет

этикет 에티켓

Пушкин русский поэт.

Пушкин русский поэт. 푸쉬킨은 러시아 시인입니다.

Ю ю

Юлия 율리야

юрист 변호사

Я готовлю салат. 저는 샐러드를 준비합니다.

Я я

Якутск 야쿠츠크

яхта 요트

Мария ест яблоко. 마리야는 사과를 먹습니다.

나혼자 끝내는
독학 러시아어
첫걸음

День 15

расска́зывать	말하다, 이야기하다
продава́ть	팔다
встре́тить	만나다
учи́ться	공부하다
обе́дать	점심을 먹다
рисова́ть	그림 그리다
говори́ть	말하다
слы́шать	들리다
шепта́ть	속삭이다
оста́ться	남다, 남아 있다
е́хать	타고 가다
прие́хать	도착하다
е́здить	타고 다니다
вы́учить	암기하다
знать	알다
мечта́ть	희망하다, 염원하다
ду́мать	생각하다
интере́сный	재미있는
ста́рый	오래된, 낡은, 늙은
вку́сный	맛있는
све́тлый	밝은
са́мый	제일, 가장
тако́й	그러한
тяжёлый	무거운
у́мный	똑똑한, 영리한
смешно́й	웃기는
свой	자신의
ста́рший	가장 연상의, 가장 나이가 많은
мла́дший	연하의, 가장 어린
там	거기, 저기에
гро́мко	큰소리로
бы́стро	빠르게
так	그렇게, 그만큼
усе́рдно	열심히
ещё	또
до́лго	오랫동안
приме́рно	대략
фильм	영화
кни́га	책
певи́ца	여가수
пого́да	날씨
торт	케이크
ла́мпа	램프
сло́во	단어
чемода́н	여행 가방
челове́к	사람
шокола́д	초콜릿
класс	반, 학년
кафе́	카페
свет	세상, 빛
велосипе́д	자전거
фрукт	과일
аэропо́рт	공항
сестра́	여자 형제
брат	남자 형제
ме́сяц	달, 월

День 16

поставить	놓다 (동)
жить	살다 (동)
помнить	기억하다 (동)
видеть	보다 (동)
сказать	말하다 (동)
спрятать	숨기다 (동)
решить	해결하다, 풀다 (동)
отдыхать	쉬다 (동)
опаздывать	늦다 (동)
путешествовать	여행하다 (동)
поговорить	이야기하다, 상담하다 (동)
ждать	기다리다 (동)
пить	마시다 (동)
читать	읽다 (동)
прочитать	읽다 (동)
стать	~가 되다 (동)
изучать	공부하다 (동)
объяснять	설명하다 (동)
спрашивать	묻다 (동)
готовить	요리하다 (동)
обедать	점심 먹다 (동)
делать	하다 (동)
понимать	이해하다 (동)
рассказать	이야기하다 (동)
хотеть	원하다 (동)
скучный	지루한
красивый	예쁜, 아름다운
холодный	차가운
добрый	친절한, 좋은
причёска	헤어스타일
мебель	가구 (명)
парк	공원
парковка	주차장
плита	가스레인지, 팬
квартира	아파트
дерево	나무
вода	물
кошка	고양이
бабушка	할머니
план	계획
гость	손님
друг	친구
платье	원피스
каждый	매, ~마다
огромный	거대한
красный	빨간색
чёрный	검은색

MP3 W1-14

День 14 🎧 MP3 W1-16

идти́ 가다 ⟨불⟩	непло́хо 나쁘지 않다	конфе́та 사탕	когда́-то 언젠가
люби́ть 좋아하다 ⟨2류⟩	по ~을 따라	зада́ча 문제	давно́ 오래전
стоя́ть 서 있다 ⟨불⟩	ры́нок 시장	го́род 도시	
течь 흐르다 ⟨불⟩	учёба 수업, 공부	ко́фе 커피 ⟨남⟩	
хоте́ть 원하다 ⟨불⟩	дом 집	журнали́ст 저널리스트	
наде́ть (옷을) 입다 ⟨완⟩	магази́н 가게, 상점	филосо́фия 철학	
помо́чь 도움을 주다 ⟨완⟩	рабо́та 일, 직장	газе́та 신문	
вы́брать 고르다 ⟨완⟩	университе́т 대학교	но́вости 뉴스 ⟨여복⟩	
посмотре́ть 보다 ⟨완⟩	теа́тр 극장	роди́тели 부모님 ⟨복⟩	
жить 살다 ⟨불⟩	шко́ла 학교	писа́тель 작가 ⟨남⟩	
ча́сто 자주, 종종	рестора́н 레스토랑	Толсто́й 톨스토이	
до́лго 오랫동안	у́лица 거리	Го́голь 고골	
ненадо́лго 잠깐	больни́ца 병원	ма́льчик 소년	
мо́жно ~해도 된다	суббо́та 토요일	актёр 배우	
на́до ~해야 한다	да́ча 다차, 별장	то́чно 정확히	
опа́сно 위험하다	маши́на 자동차	мно́го 많이	

그림으로 외우는 왕초보 러시아어 단어장

проéкт 프로젝트
спектáкль 연극
идéя 아이디어, 생각
университéт 대학교
ýжас 끔찍한 일

сúльно 심하게, 세게
рáно 일찍
тóже 역시, 또한
так 그렇게
дóлжен ~해야 한다
для ~을 위해서
футбóльный 축구의
комáнда 팀
дождь 비
кровáть 침대
кóмната 방
головá 머리
шкóла 학교
ангúна 후두염
живóт 배
мéнеджер 매니저

День 13

почему́	왜
петь	노래하다
встать	일어나다
лежа́ть	누워 있다
ви́деть	보다
разгова́ривать	대화하다
боле́ть	아프다
случи́ться	(어떤 일이) 일어나다
узна́ть	알아내다, 알아보다
ложи́ться спать	잠자리에 들다
у́жинать	저녁 먹다
рабо́тать	일하다
зако́нчить	끝내다
игра́ть	연기하다
до́ма	집에, 집에서
хорошо́	잘
ско́ро	곧
давно́	오랫동안, 오래전에
найти́	찾다, 발견하다
помога́ть	도움을 주다
дари́ть	선물하다
горди́ться	자랑스러워하다
до́лго	오랫동안
ужа́сно	끔찍하게
мно́го	많이
комфо́ртно	편안하다
ду́мать	생각하다
дополня́ть	보충하다, 추가하다
хо́лодно	춥다
обы́чно	보통
о́чень	매우, 아주

01 가족

🎧 MP3 W2-01

	де́душка 할아버지			ба́бушка 할머니
	оте́ц 아버지			мать 어머니
	тётя 고모(이모)			дя́дя (외)삼촌
	брат 형(오빠), 남동생			сестра́ 누나(언니), 여동생

02 몸

 MP3 W2-02

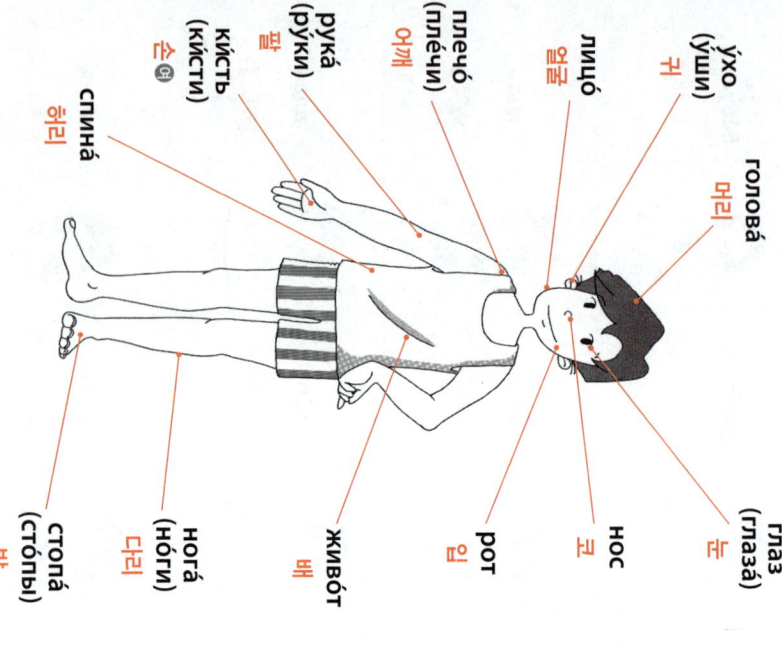

- голова́ 머리
- у́хо (у́ши) 귀
- лицо́ 얼굴
- плечо́ (пле́чи) 어깨
- рука́ (ру́ки) 팔
- кисть (ки́сти) 손
- спина́ 허리
- глаз (глаза́) 눈
- нос 코
- рот 입
- живо́т 배
- нога́ (но́ги) 다리
- стопа́ (сто́пы) 발

MP3 W1-12

- плохо́й 나쁜
- у́жин 저녁 식사
- сала́т 샐러드
- докла́д 리포트
- посу́да 그릇, 식기
- соба́ка 강아지
- пра́вда 진실, 사실
- сло́во 단어
- текст 텍스트
- рестора́н 레스토랑
- ключ 열쇠
- дикта́нт 받아쓰기
- пого́да 날씨
- зонт 우산
- по́черк 글기체

03 나라 이름

🎧 MP3 W2-03

Южная Корея 한국		Япония 일본	
Китай 중국		Германия 독일	
США 미국		Фра́нция 프랑스	
А́нглия 영국		Кана́да 캐나다	
Ита́лия 이탈리아			

День 12

приготовить 준비하다
мыть 씻기다
вы́мыть 씻기다
гуля́ть 산책하다
сиде́ть 앉아 있다
петь 노래하다
позвони́ть 전화하다
у́жинать 저녁 먹다
иска́ть 찾다, 검색하다
найти́ 찾다, 발견하다
повтори́ть 반복하다, 복습하다
узна́ть 알아보다
взять 가지다, 취하다
бе́гать 뛰다
зако́нчить 끝내다

написа́ть 쓰다
с ~와 함께
уже́ 벌써
ве́чером 저녁에
снача́ла 우선
пото́м 그 다음에
гро́мко 큰 소리로
обяза́тельно 꼭, 반드시
везде́ 모든 곳에
нигде́ 어디에도
тепе́рь 이제
ещё 아직, 더
как раз 때마침
ну́жно 필요하다
интере́сный 재미있는

04 옷

MP3 W2-04

свитер 스웨터	футболка 티셔츠
брюки 바지 (오) (북)	джинсы 청바지 (오) (북)
юбка 스커트, 치마	платье 원피스
шапка 모자	носки 양말 (오) (북)
перчатки 장갑 (오) (북)	

MP3 W1-11

школа 학교
год 해, 년
иностра́нный 외국의
ча́сто 자주
ско́ро 곧
здесь 여기, 여기서
всегда́ 늘, 언제나
бы́стро 빠르게
хо́лодно 춥다
жа́рко 덥다
ве́село 재밌다, 즐겁다
тру́дно 어렵다
ску́чно 지루하다
ско́лько 얼마나, 얼마큼
для ~를 위해

05 전기제품

🎧 MP3 W2-05

телевизор 텔레비전 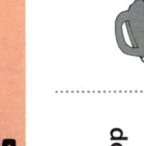	утю́г 다리미 	
холоди́льник 냉장고	вентиля́тор 선풍기 	
цифрово́й фотоаппара́т 디지털카메라 	фён для воло́с 헤어드라이어 	
пылесо́с 청소기 	стира́льная маши́на 세탁기 	

День 11

расска́зывать 이야기하다
звони́ть 전화하다
обеща́ть 약속하다
петь 노래하다
приглаша́ть 초대하다
кури́ть 담배 피우다
звать 부르다
пить 마시다
изуча́ть 배우다
сиде́ть 앉아 있다
выбира́ть 고르다, 선택하다
де́лать 하다
ба́бушка 할머니
ска́зка 옛날이야기
серена́да 세레나데
фильм 영화

моби́льный телефо́н 핸드폰
электро́нная по́чта 이메일
экза́мен 시험
уче́бник 교과서
преподава́тель 선생님
хи́мия 화학
вечери́нка 파티
лю́ди 사람들
де́ти 아이들
забо́та 배려, 관심
зонт 우산
учи́тель 선생님
по́мощь 도움
пода́рок 선물
день рожде́ния 생일
подру́га 친구

06 식탁

🎵 MP3 W2-06

- нож 나이프
- ло́жка 스푼
- ви́лка 포크
- па́лочки 젓가락 (복)
- таре́лка 접시
- кру́жка 머그잔
- ча́йник 주전자
- стака́н 유리컵

🎵 MP3 W1-10

- почти́ 거의
- ча́сто 자주
- всего́ 통틀어서
- то́же 또한, 역시
- там 거기, 거기서
- до́ма 집에
- гро́мко 큰 소리로
- це́лый ~동안이나
- холо́дный 차가운, 추운
- про́шлый 지난
- год 해, 년
- раз 번, 회

★ 요일

понеде́льник	вто́рник	среда́	четве́рг	пя́тница	суббо́та	воскресе́нье
월요일	화요일	수요일	목요일	금요일	토요일	일요일

07 교실

🎧 MP3 W2-07

сумка 가방 	стол 책상	стул 의자 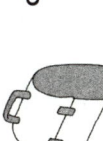	доска 칠판 
книга 책 	тетрадь 노트 	карандаш 연필 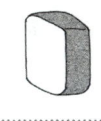	ластик 지우개 
ручка 볼펜 			

День 10

- во сколько 몇 시에
- плакать 울다
- курить 담배 피우다
- кончаться 끝나다
- встретиться 만나다
- начинаться 시작되다
- ужинать 저녁을 먹다
- жить 살다
- разговаривать 대화하다
- учить 외우다
- делать 하다
- отдыхать 쉬다
- хотеть 원하다
- утро 아침
- газета 신문
- ребёнок 아이

- кофе 커피 🔊
- спорт 운동, 스포츠
- математика 수학
- больница 병원
- семестр 학기
- экзамен 시험
- зима 겨울
- дождь 비 🔊
- день рождения 생일 🔊
- простуда 감기
- опера 오페라
- месяц 달, 월
- песня 노래
- слово 단어
- отпуск 휴가
- Сеул 서울

08 음료와 음식

MP3 W2-08

кóла 콜라

кóфе 커피

пи́во 맥주

хлеб 빵

пи́цца 피자

чай 차

молокó 우유

торт 케이크

мороженое 아이스크림

MP3 W1-09

гордиться 자랑스러워하다
говорить 말하다
завтракать 아침을 먹다
изучать 공부하다
любить 좋아하다
готовить 요리하다
думать 생각하다
знать 알다
познакомить 소개하다
познакомиться 첫인사를 나누다, 서로 알게 되다

День 09

сего́дня 오늘			
до́ма 집에			
сли́шком 너무			
никогда́ 절대~아닌			
пожа́луйста 부디, 제발			
о ~에 대해			
прия́тно 기분 좋다			
ску́чный 지루한, 재미없는			
перево́й 깃털의			
фильм 영화			
соба́ка 개			
ме́неджер 매니저			
студе́нт 학생			
подру́га 친구			
ку́хня 음식, 부엌			
сала́т 샐러드			

| карти́на 그림 |
| посу́да 그릇 |
| сын 아들 |
| ю́бка 치마 |
| иску́сство 예술 |
| му́зыка 음악 |
| де́вушка 아가씨 |
| удово́льствие 즐거움, 만족 |
| ра́дость 기쁨 |
| рабо́тать 일하다 |
| лежа́ть 누워 있다, 놓여 있다 |
| смотре́ть 보다 |
| опозда́ть 늦다 |
| уста́ть 피곤하다, 지치다 |
| отдыха́ть 쉬다 |
| обе́дать 점심을 먹다 |

09 과일

MP3 W2-09

 я́блоко 사과		арбу́з 수박	
гру́ша 배		пе́рсик 복숭아	
мандари́н 귤		хурма́ 감	
бана́н 바나나		виногра́д 포도	

10 채소

🎧 MP3 W2-10

морковь
당근 ⓔ

помидор
토마토

капуста
양배추

чеснок
마늘

баклажан
가지

перец
피망, 고추

лук
파, 양파

огурец
오이

🎧 MP3 W1-08

математика 수학
парк 공원
кафе 카페
актёр 배우
ботинки 구두 ⓟⓛ
шанс 기회
костюм 슈트, 의상
ужин 저녁 식사
дело 일, 볼일
сложный 어려운
искусственный 인조의
настоящий 진짜의, 현재의

День 08

алло́	여보세요
молча́ть	침묵을 지키다
сиде́ть	앉아 있다
уе́хать	떠나다
гуля́ть	산책하다
спать	자다
чита́ть ле́кцию	강의하다
ждать	기다리다
игра́ть	연기하다
де́лать	하다
слы́шать	들리다
говори́ть	말하다
перезвони́ть	다시 전화하다
ра́ньше	예전에
за́втра	내일
позавчера́	그저께
пожа́луйста	부디, 제발
ме́дленно	천천히
гро́мко	큰 소리로
хорошо́	좋다
то́же	~도
приве́т	안녕, 인사, 인사말
отве́т	대답
кинотеа́тр	영화관
класс	교실
снег	눈
коме́дия	코미디
боеви́к	액션영화
рома́н	소설
стих	시
исто́рия	역사
предме́т	과목, 사물

11 감정

🔊 MP3 W2-11

 ра́достный
기쁜

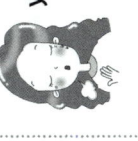 гру́стный
슬픈

 пережива́ть
걱정하다

успока́иваться
안심하다

зли́ться
화내다

ненави́деть
싫어하다

 люби́ть
좋아하다

 трево́жный
조바심 나는

12 건물

🎧 MP3 W2-12

шко́ла
학교

преподава́тель
교수님

библиоте́ка
도서관

суперма́ркет
슈퍼마켓

больни́ца
병원

фи́рма
회사

парк
공원

банк
은행

по́чта
우체국

🎧 MP3 W1-07

де́рево 나무
роди́тели 부모님
преподава́тель 교수님
гита́ра 기타
игра́ 게임
пиани́но 피아노
муж 남편
де́вочка 소녀
кни́га 책
уче́бник 교과서
по́лка 선반
пол 바닥
компью́терный 컴퓨터의
там 거기, 거기에
вот 여기, 저기 (손으로 가리킬 때)
то́чно 분명히

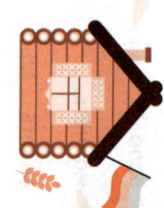

13 교통

🎧 MP3 W2-13

машина 자동차		самолёт 비행기	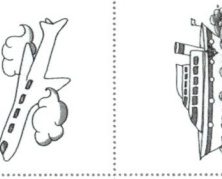
велосипед 자전거		корабль 배	
автобус 버스		грузовик 트럭	
метро 지하철		мотоцикл 오토바이	
поезд 기차			

День 07

где 어디에	работа 일
думать 생각하다	гора 산
рассказывать 이야기하다	фильм 영화
читать 읽다	урок 수업
говорить 말하다	экономика 경제
помнить 기억하다	политика 정치
ждать 기다리다	математика 수학
ужинать 저녁을 먹다	успех 성공
расти 자라다	кафе 카페
сидеть 앉아 있다	школьник 학생
гулять 산책하다	библиотека 도서관
плавать 수영하다	информация 정보
танцевать 춤추다	сосед 이웃
стоять 서 있다	лекция 강의
лежать 누워 있다	общежитие 기숙사
Корея 한국	девушка 아가씨

14. 취미

🎧 MP3 W2-14

рыба́лка
낚시

слу́шать му́зыку
음악을 듣다

смотре́ть фильм
영화를 보다

всходи́ть на го́ру
등산하다

пе́сня
노래

ша́хматы
체스 (예)

гото́вка
요리

🎧 MP3 W1-06

вода́ 물
паке́т 봉지, 꾸러미
соль 소금 (예)
арбу́з 수박
пиро́г 파이
но́жницы 가위 (예)
день рожде́ния 생일

число́ 숫자, 날짜
интере́сный 재미있는
то́чно 정확하다, 맞다
сего́дня 오늘
для ~를 위해서

⭐ 월

янва́рь	1월	ию́ль	7월
февра́ль	2월	а́вгуст	8월
март	3월	сентя́брь	9월
апре́ль	4월	октя́брь	10월
май	5월	ноя́брь	11월
ию́нь	6월	дека́брь	12월

15 스포츠

🎧 MP3 W2-15

баскетбо́л 농구	бег 달리기	волейбо́л 배구	насто́льный те́ннис 탁구
футбо́л 축구	пла́вание 수영	те́ннис 테니스	гольф 골프

День 06

понима́ть 이해하다	о́тпуск 휴가
покупа́ть 사다	студе́нт 학생
словарь 사전 🔟	переры́в 쉬는 시간
уче́бник 교과서	час 시간, 시
врач 의사	музе́й 박물관
лека́рство 약	о́зеро 호수, 연못
маши́на 자동차	мину́та 분
дива́н 소파	неде́ля 주
води́тель 운전기사 🔟	ли́ния 선
ме́лочь 잔돈, 작은 물건 여	учи́тель 선생님 🔟
ня́ня 유모	брат 남자 형제
ключ 열쇠	докуме́нт 서류
са́хар 설탕	о́фис 사무실
ко́шка 고양이	звук 소리
корм 사료	дождь 비 🔟
друг 친구	буты́лка 병

16 직업

🎵 MP3 W2-16

госслужащий 공무원	водитель 운전기사
медсестра 간호사	спортсмен 운동선수
певец 가수	учитель 교사
художник 화가	полицейский 경찰

🎵 MP3 W1-05

ясный 밝은, 분명한
сложный 어려운
компьютерный 컴퓨터의
здесь 여기에, 여기에서
вместе 같이

17 날씨

🎧 MP3 W2-17

идёт дождь
비가 오다

ясный
맑은

гром
천둥

тайфу́н
태풍

ду́ет ве́тер
바람이 불다

пасмурный
흐린

ра́дуга
무지개

сезо́н дожде́й
장마

День 05

дава́й	~하자
ду́мать	생각하다
де́лать	하다
говори́ть	말하다
слу́шать	듣다
по́мнить	기억하다
знать	알다
чита́ть	읽다
игра́ть в	(운동, 게임을) 하다
отвеча́ть	대답하다
смотре́ть	보다
му́зыка	음악
кни́га	책
торт	케이크
ночь	밤
пла́тье	원피스
ска́зка	동화, 옛날이야기
па́ста	파스타
ча́шка	찻잔
хи́мия	화학
тео́рия	이론
футбо́л	축구
де́рево	나무
вопро́с	질문
прое́кт	프로젝트
те́ннис	테니스
часы́	시계
ма́ма	엄마
игра́	게임
поэ́т	시인
ру́сский язы́к	러시아어
интере́сный	재미있는

18 동물

🎧 MP3 W2-18

бык / корова
소

тигр
호랑이

лошадь
말 예

обезьяна
원숭이

свинья
돼지

мышь
쥐 예

собака
개

кролик
토끼

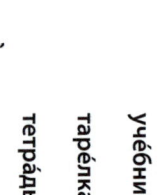
змея
뱀

петух / курица
닭

День 04

🎧 MP3 W1-04

сколько 얼마나, 몇
очень 매우, 아주
здесь 여기에
сейчас 지금
сегодня 오늘
урок 수업
лекция 강의
день 날, 낮 예
письмо 편지
чувство 감각
учебник 교과서
тарелка 접시
тетрадь 공책 예
телефон 전화기
город 도시
страна 나라
лето 여름
часы 시계 예
время 시간 예
красивый 아름다운, 예쁜

19 나의 하루

🎧 MP3 W2-19

 вставать / встать 일어나다	 спать 자다	 умываться / умыться 세수하다	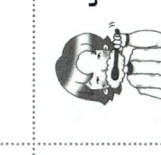 чистить зубы 이를 닦다
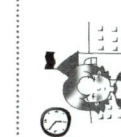 идти в школу 학교에 가다	 идти домой 집에 가다	 играть в компьютер 컴퓨터 게임을 하다	 заниматься спортом 운동하다

 делать домашнее задание 숙제를 하다

День 03

🎧 MP3 W1-03

кто 누구
что 무엇
это 이 사람, 이것
какой 어떤
красивый 예쁜
трудный 어려운
горячий 뜨거운
вкусный 맛있는
интересный 재미있는
новый 새로운
папа 아빠
студент 대학생
художник 화가
учительница 여자 선생님
врач 의사
книга 책

компьютер 컴퓨터
платье 원피스
ручка 볼펜
чашка 찻잔
город 도시
пальто 코트
вопрос 질문
чай 차
торт 케이크
правда 진실
да 네, 응

20 연애

🎧 MP3 W2-20

встречаться с кем 연애하다	свидание 데이트
пожениться 결혼하다	ругаться 다투다
поцелуй 키스	любовь 사랑
любóвное письмó 러브레터	

이것만은 꼭 외우자!
도우미 단어장